싱글로
가는 길

이상무 글·그림

아키온
ARCHAEON

싱글로 가는길 ①

개정판 1쇄 | 2012년 5월 21일
개정판 5쇄 | 2020년 8월 31일

글 그 림 | 이상무
펴 낸 곳 | 아키온
펴 낸 이 | 김영길
등록번호 제 2013-000032호
주   소 | 서울특별시 강북구 오패산로 30길 74-201(미아동)
전   화 | 02-365-6368
팩   스 | 02-365-6369
E-mail : dongin365@hotmail.com

ISBN | 978-89-8482-134-7(세트)
ISBN | 978-89-8482-135-4

정가 16,000원

이제는 골프가 대중적인 스포츠이자 여가수단으로 확실히 자리잡았다. 이는 골프가 가진 특별한 매력들이 대중에게 인식되어 지속적으로 참여를 유도하기 때문일 것이다. 본인도 25년 전에 골프를 시작하여 지금까지 계속 특별한 느낌을 가지고 골프를 접하고 있다. 필드에 나갈 때마다 신선한 두근거림이 있고 잘하려는 의욕이 생겨난다.

결코 짧지않은 세월을 골프와 관계하며 살면서 그 동안 골프관련 도서를 여러 권 출간하고 신문,방송 등에 출연하다보니, 본인의 직업도 만화가에서 이제 '골프만화가' 로 바뀌지 않을까 염려가 된다. 그러나 골프레슨과 만화의 결합은 본인의 의도보다 훨씬 효과적인 골프레슨 수단이 된다는 점이 기쁘기 그지 없다.

이 책은 이미 10여년 전에 '스포츠조선' 에 연재되고 출간되어 많은 독자들의 호평을 받은 것이다. 그러나 당시에 여러가지 조건상 편집이나 교정 등에 제한이 있어서 이번에 이를 보완하여 내용의 배열을 바꾸고 철저히 교정했으며, 흑백 인쇄를 풀컬러로 전면 개정을 통해 그 동안 내가 독자들에게 가졌던 마음의 빚을 조금이나마 덜고싶은 마음으로 다시 책을 꾸며보았다. 아직 미진한 부분이 많으므로 독자의 질책을 달게 받겠으며, 앞으로 더욱 새롭고 내용있는 책으로 보답하겠다는 약속을 드린다.

이 책의 특징으로는 첫째, 기초에서 고급테크닉까지 구체적이고 재미있게 설명했다. 둘째, 글이나 사진으로 설명하기 어려운 부분을 그림을 통해 설득력있게 보여줌으로 실력향상에 현실적인 도움이 된다. 셋째, 모든 운동이 그렇듯 골프도 자신과 타인과 공간환경과의 관계속에서 이루어지는 운동이다. 이 책은 골퍼가 자신이 처한 환경과의 적절한 관계설정을 통해 골프와 인생을 즐기는데 도움이 될 것이다.

'골프가 싱글핸디캡이면 인생은 9단이다.' 독자여러분의 일취월장을 기대한다.

20012. 5

 이상무

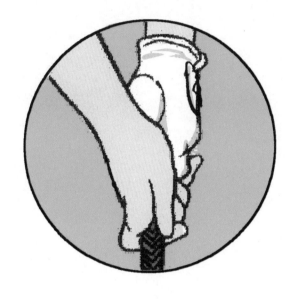

제1장

그립

조사장님 백스윙이 그러면 좋은 샷이 나올 수 없습니다.

스탠스는 이렇게 하고 그립은…

이제 막 시작한 비기너요. 잘 좀 부탁합니다. 탁형!

이렇게 다운스윙을…

구력이 얼마나 되죠?

3년입니다 싱글 플레이어는 이제 시간문제죠 핸디가 13입니다.

앗, 미인이다 날보고 있어.

역시 대단합니다.

골프를 배우러 오셨나 본데 아주 잘 생각하셨습니다. 하하…

요즘은 여성골퍼가 무척 많죠.

뭣하면 제가 가르쳐 드릴께요 어려워 마시고 뭐든지 물어보세요.

새로오신 P.G.A. 프로 이슬기씨야 네깟게 뭘…

으악!

여러분 하루 한 포인트씩 실전 레슨이 있겠 습니다.

기대가 큽니다.

난 창피해

그립을 잡을 때 가장 중요한 것은 양손에 너무 많은 힘을 주지 말라는것입니다.

너무 힘을 주면 어깨에 힘이 들어가서 부드러운 샷을 할 수가 없습니다.

마치 새를 잡고 있는 기분으로 쥐는 것이 이상적입니다.

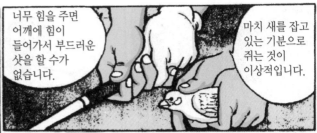

우선 왼손을 새끼손가락 마디 위쪽부터 검지의 첫째 마디에 걸치듯 그립을 놓습니다.

그리고 새끼손가락부터 차례로 힘을 주어 잡되 검지손가락은 아주 가볍게 걸쳐놓는 상태가 됩니다. 새끼손가락, 약지, 중지 세 손가락 만으로 잡는 느낌입니다.

그 다음 오른손은 가볍게 왼손엄지 손가락 위를 덮습니다,

이때 오른손바닥 생명선이 왼손 엄지를 감싸듯 쥡니다

오른손 새끼손가락은 왼손 검지, 중지 사이에 걸치게 하며 세째, 네째 손가락 첫째마디에 약간의 힘을 줄 뿐 오른손은 가볍게 왼손을 감싸주는 기분입니다.

이와 같은 그립법을 매타를 칠때마다 확인해가며 잡는 버릇을 길러야 합니다.

국내 골프투어 가장싸게 가는방법!

처음엔 불편하고 어색하더라도 갈수록 편안해지며 이와 같은 스퀘어그립이 볼의 방향성을 좋게 합니다.

체형과 특성에 맞는
골프를 구사하는데
있어서 그립도
중요한 작용을 하게
됩니다.

일반적으로 많이 하는
오른손 새끼손가락을
왼손인지 위에
겹쳐쥐는 오버래핑
그립이 있습니다.

그러나 이 경우도
손가락 끝으로 쥐는
핑거(손가락) 그립이
있고 손바닥에 힘이
가는 팜 그립이
있습니다.

힘이 없는 노약자나
여자분들은 오버래핑
핑거 그립을 사용하는
것이 유리합니다.

이는 우선 왼손
그립을 그림처럼
갖다 대어
손가락으로 말아
쥐는 그립입니다.

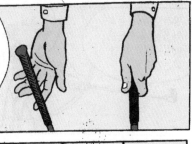

소위 이런 그립을
스트롱 그립이라고들
하는데 힘이 부치는
사람들이 선택할 수
있는 형입니다.

반면 혹이 많이 발생하는
손목 힘이 강한 분들은
오버래핑 팜 그립을
선택해서 볼이 휘어지는
것을 막아주기도 합니다.

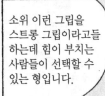

심지어 아주 힘이
약한 분들은
베이스볼(야구)
그립을 잡아 헤드
스피드를 증가
시키기도 합니다.

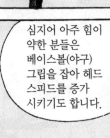

자기도 모르는 사이에 그립이 자꾸 변하는 것은 왜일까요?

그건 스윙을 팔이나 손으로 하기 때문에 나타나는 현상입니다.

팔이나 손으로?

궁극적으로 골프의 스윙은 무릎위 상체를 비틀어서 되감는 몸의 축의 회전이라고 생각하면 됩니다.

팔과 손은 몸통의 회전을 따라 돌듯 바쳐주기만 하면 되는거지요.

무리하게 팔이 앞서서 공을 잡으려 하기 때문에 손에 힘이 들어가고 그립이 변하게 됩니다.

항상 염두에 두세요. 팔과 그립은 몸과 골프채를 연결시켜주는 부위이며, 몸통의 스윙동작을 자연스레 골프채에 전달시켜 준다는 느낌이어야 합니다.

몸의 리듬을 연결하는 팔과 손. 이것은 골프이론 기초이자, 끝이라고해도 과언이 아닙니다.

그립따로 팔따로 몸따로… 이건 생각할 수 없습니다. 모든게 일체이기 때문입니다.

잠깐! 조사장님 그립을 다시 점검해야겠어요.

거리가 나지 않는다고 자꾸 세게 치기위해 오른손 힘을 많이 쓰게되면 자기도 모르는 사이 스트롱그립이 되는데 지금 조사장님이 그렇군요.

그립은 크게 나눠 센터라인에 왼손엄지 손가락을 올려놓는 스퀘어그립과

센터라인보다 오른쪽에 두는 스트롱그립이 있습니다.

힘이 약한 여성들에게 보통 스크롱그립을 권하는데

스트롱그립은 나중에 훅볼이 발생할 가능성이 많습니다.

나도 모르는 사이에 그렇게 변했어.

그래서 연습볼을 칠때 매타를 칠때마다 그립을 다시 확인하는 버릇을 길러야 합니다.

그립의 중요함을 아무리 강조해도 지나치지 않는것은 바른 골프의 가장 기초가 되기 때문입니다.

그립의 작은 변화가 엄청난 큰 폭의 구질의 변화가 오기 때문입니다.

그립은 마치 옷을 입을때 첫단추를 끼우는 것과 같이 중요합니다.

그립은 곧 골프의 시작입니다.

13

또하나 조사장님의 샷에서 거리가 나지 않는것은 그립에서도 원인이 있습니다.

그립?

아니 내 그립이 잘못 됐다는 것입니까?

그립을 잘못 잡았다는 것이 아니에요. 너무 그립을 강하게 잡고 있어요.

특히 거리가 나지 않는 사람일수록 힘껏 친다는 욕심에서 그립을 꽉 잡는 버릇이 있습니다.

그립을 꽉 잡으면 자연히 팔 어깨, 모든 몸에 힘이 들어가게 돼 경쾌한 샷이 나올 수 없습니다.

그립은 살아있는 새를 가볍게 잡듯 잡으라고 했습니다.

그렇게 가볍게 잡은 그립을 임팩트 순간만 왼손으로 힘있게 잡아주며 치는 것입니다.

권투선수가 잽으로 상대방 얼굴을 붓게하고 눈을 찢어지게 하는 이유도 목표를 치기 직전까지 손을 부드럽게

펴고있다가 치는 순간 주먹을 쥐는 것입니다.

백스윙에서 다운스윙에 이르도록 임팩트 직전까지는 가볍게 그립을 잡아주어야 임팩트 때 강한 스피드가 나오는 것입니다.

어느새 권투까지 익혔나? 스파링 한번 뛰어봐?

다음은 박여사 차례군요.

나는 뭐 거리가 나지 않으니까.

뚝

나이스 샷!

그립을 좀 바꾸는 편이 좋겠어요.

그립을요?

지금은 스퀘어그립으로 좋은 편인데.

왼손을 조금 덮고 오른손을 조금 여는 스트롱그립으로 바꾸면 강한 공을 칠 수 있습니다. 일명 훅그립이라 고도 하죠.

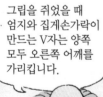

그립을 쥐었을 때 엄지와 집게손가락이 만드는 V자는 양쪽 모두 오른쪽 어깨를 가리킵니다.

이런 그립이라면 백스윙이 깊게 들어가 임팩트 존에서 리스트턴이 가능해집니다.

힘이 없는 사람이나 여성은 이런 스트롱 그립을 시험해 보십시오.

인사이드아웃의 헤드 궤도에서 공을 때리는 것처럼 되니까 비거리가 늘어납니다.

앗!

탁형의 그립은 왼손이 너무 덮어 씌워져 소위 훅그립을 잡아서 그렇습니다.

그리고 오른손은 너무 열려 있습니다. 비기너에게 많은 그립이죠.

이런 그립은 백스윙 때 인사이드로 낮게 올라가고

다운 스윙때 왼쪽 겨드랑이가 떨어지기 쉽습니다.

난 왜 왜 항상 이모양이지.

끌어당기거나 슬라이스가 나는 이유입니다.

왼손 그립은 좀더 열고.

엄지와 검지로 만들어지는 V자가 턱을 가리키도록 잡습니다.

오른손의 그립은 조금 위에서부터 엎어씌우듯 잡습니다.

역시 V자가 턱을 가리 킵니다.

이렇게 하면 왼손등이 목표에 똑바로 향하게 됩니다. 이것이 바른 그립입니다.

그립은 스윙을 결정해 버릴만큼 중요합니다. 좋은 스윙은 좋은 그립에만 생깁니다. 그립을 항상 염두에 둬야 합니다.

그렇지만 그립을 그렇게 잡으면 힘을 쓰지 못해서…

아!
훅이다.

O.B는
아닐까?

언덕
너머야.

나는 이놈의 훅
때문에 때때로
스코어가 왕창
무너진단 말야.

더욱이 중요한
때일수록 훅이
나와서… 어휴
끓어…

훅이 나오는 것은
임팩트에서 손이
지나치게
엎어지기
때문이에요.

지금처럼 크게
감긴 훅일때는
특히 그래요.

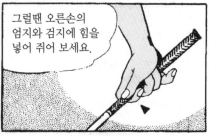

그럴땐 오른손의
엄지와 검지에 힘을
넣어 쥐어 보세요.

오른손의 엄지와
검지에 힘을
넣는다는 것은
어드레스에서 이미
손이 돌아간
상태를 만들어
내는 것입니다.

이 그립으로
어드레스하면 더
이상 손이
돌아갈 수가
없습니다.

연습장에서도
오른손
엄지와
검지만으로
휘두르는
연습을
해보세요.

훅의 병은
좀처럼 고치기
힘들지만 그립의
선택 하나로
고칠 수도
있습니다.

그린 뒤는 벙커로군.

엇!

그린 옆에 와선 항상 이모양이라니까…

가볍게 치려고 그립까지 느슨해졌어요.

큰 샷을 할 때 그립을 꽉쥐는 사람은 많으나, 작은 샷을 할 때는 느슨하게 잡는 사람이 많아요.

이럴 때는 먼저 클럽을 짧게 잡습니다.

클럽을 길게 잡으면 클럽의 무게가 손의 움직임에 영향을 줘서 정확한 스트로크가 나오질 않습니다.

그래서 그립은 특히 왼손 새끼손가락, 약지, 중지로 스무드한 움직임에 방해되지 않을만큼 꽉 잡습니다.

왼손으로 클럽 헤드무게를 느낄 정도로 단단히 쥐고 드리우는 듯한 느낌으로 자세를 취합니다.

NO

10~20 야드 정도의 가까이에서는 클럽을 짧게 잡는 쪽이 조작이 편해 그립의 느슨함 같은 것이 없어집니다.

나머지 30야드, 핀에 가까이 붙여야지.

뒤땅에 주의하고.

어이쿠! 왼쪽으로 감겼다.

짧은 거리에서 힘을 빼고 샷을 하면 꼭 훅이 걸리니…

힘뺀다고 지나치게 손목으로 쳐서 그래요.

그리고 이렇게 왼손이 덮여 있어요.

이런 그립으론 제대로 칠 수 없어요.

바른 그립(스퀘어 그립)은 왼손의 엄지손가락이 만드는 V자가 턱을 가리킵니다.

왼손 그립은 팔과 클럽을 이어줘 샷의 성패를 결정할 정도로 중요한 부분이라고 할 수 있습니다.

이와 같은 경우에는 왼손에 클럽헤드의 무게를 느껴 드리우는듯이 자세를 취합니다.

스윙을 리드하는 것은 왼팔입니다. 그런만큼 왼손 그립은 정확하고 단단히 잡는 것이 중요합니다.

제 2 장

어드레스

자! 그립을 제대로 잡고

어드레스를 한다음…

잠깐! 조사장님은 어드레스때 핸드 퍼스트 자세가 되고 있어요.

핸드 퍼스트?

그립을 잡은 손이 지나치게 왼쪽으로 가있습니다.

어드레스때 손은 왼쪽다리 안쪽에 놓이도록 해야 정확합니다.

그래야만 공과 클럽헤드의 면이 목표물과 일직선이 되는 것입니다.

그리고 비록 오른손은 왼손을 덮고 있지만 오른팔은 왼팔보다 밑에 가야합니다.

오른쪽 겨드랑이를 붙이고 팔꿈치를 약간 굽힌 상태입니다.

파이프를 오른팔 위와 왼팔 밑에 끼운듯한 자세입니다.

이런 어드레스 자세야말로 아웃사이드인의 나쁜 스윙궤도를 막을 수 있습니다.

목표

오른쪽 겨드랑이를 죄어야만 백스윙때 오른쪽 겨드랑이가 붙고 인사이드인의 스윙이 가능합니다.

스윙전반에 걸쳐 오른팔은 몸을 스치듯 해야만 인사이드인의 스윙이 가능합니다.

멋지게 그린온 시켜야지

어맛! 뒤땅…

전 이렇게 뒤땅이 자주 나오는데

그렇죠.

탑핑이 두려워서 확실히 볼을 잡으려 들면 뒤땅이 많이 나옵니다.

대게 뒤땅의 원인이 여럿 있지만 박여사님 경우는 어드레스에 있는 것 같습니다.

어드레스때 양어깨가 수평에 가까운 Y자형 자세를 취합니다.

Y자형은 어드레스때 왼손목이 굽는데 임팩트때는 샤프트와 일직선으로 펴져서 뒤땅을 치게 되는겁니다.

어드레스때   임팩트때

앞으로는 어드레스때 "K"자형으로 왼쪽어깨를 쳐들어 왼팔과 클럽샤프트가 일직선이 되게 자세를 취해봅니다.

그렇다고 꼭 역K자형 어드레스가 정석이라고 말하지 않겠습니다.

세계적인 프로선수들 중에는 Y자형 자세를 취하는 선수가 있습니다. 다만 뒤땅의 가능성이 많다는 뜻입니다.

어드레스때 상체를 뻣뻣이 세우는 것이 나쁘다고 말씀하셨는데

나같이 키가 작은 사람은 공을 멀리 놓기 싫어서 자꾸 자세가 서게 되는데

롱 아이언일수록 더 그래요.

그래요. 키가 작은 사람이 흔히 어드레스때 무릎을 펼정도로 자세가 서게 되는데

팔과 샤프트가 일직선을 만들려하기 때문입니다.

그건 클럽헤드의 각도를 파악하지 못해서 불안 때문입니다.

클럽헤드의 각도?

클럽헤드는 길수록 샤프트와의 각이 벌어져 있습니다.

7번

3번

피칭

드라이버

어드레스는 숏 아이언이나 롱 아이언이나 같습니다.

똑같은 어드레스에서도 클럽헤드의 각은 지면에 수평으로 놓이게 설계되어 있습니다.

롱 아이언이라도 어드레스는 발바닥 전체에 고루 중심을 주며 자연스레 몸쪽으로 붙여 팔을 늘어뜨립니다.

그래야 스윙전체에서 체중의 흐뜨러짐이 없이 안정된 샷을 할 수 있습니다.

아이고… 답답해 어서 치지않고 뭘하는 거예요?

이것저것… 요령대로 스윙하려니까 백스윙이 자연스레 올라가지 않아요.

그런 식으로 인터발이 길면 좋은 샷이 안나옵니다.

스윙의 첫 동작인 테이크 어웨이는 손에 힘을 뺀채 그립을 가볍게 잡습니다.

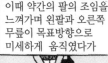
이때 약간의 팔의 조임을 느껴가며 왼팔과 오른쪽 무릎이 목표방향으로 미세하게 움직였다가

손에 아무 것도 잡고 있지않다는 느낌으로 어깨와 팔만으로 행해져야 합니다.

백스윙의 시작이 큰 근육 즉, 몸통과 어깨와 팔 위주가 되었을 때 클럽헤드의 무게를 느끼지 못하고, 시야에서 헤드가 갑자기 없어진 느낌이 들면 정확한 테이크 어웨이를 한것이라고 볼 수 있습니다.

이러한 테이크 어웨이 동작으로 연습을 해서 스윙의 시작부터 부드럽게 가져가는 연습은 매우 중요합니다.

대개 아마추어들이 어드레스때 야릇한 왜글을 한다거나 손목을 찍어 클럽을 바로 끌어올리는 것을 볼수 있는데 이러면 좋은 샷을 할 수 없습니다.

조사장님의
어드레스는 또다시
슬라이스가
나오도록 자세를
취했어요.

어드레스때
어깨와 가슴이
목표쪽으로 열려
있어요.

잠깐

스텐스는 평행으로
서 있으면서
어깨는 틀어져
있어요.

몸이 열려가지고는
인사이드인의
스윙이 어려워져서
슬라이스가 발생
합니다.

그리고 스윙때 오른쪽
어깨까지 목표쪽으로
따라 나와서 엎어치는
스윙이 돼버립니다.

어드레스때 어깨는 오히려 오른쪽으로 돌아서
있어야 파워스윙이 가능하며 인사이드인의 스
윙이 가능합니다.

평행선보다 좀더 오른쪽으로 몸을 틀어서
어드레스를 해보세요. 백스윙도 쉽게 올라갈뿐
아니라 허리쪽으로 끌어내리는 인사이드인의
스윙이 훨씬 쉬워집니다.

어깨를 클로스로 닫아주라고 하셨는데 이만하면 되었나요?

아직도 오픈되어 있어요.

아니! 그럴 리가

대개 어깨를 닫아주라고 하면 왼쪽 어깨를 쳐드는 걸로 닫아졌다고 본인들은 생각합니다.

가슴이 오픈되는 것은 왼쪽 어깨를 쳐드는 것과 무관합니다.

평상시 어드레스에서 오른쪽으로 틀어보세요.

그래야 완전히 가슴이 오픈되는 것을 막을 수 있습니다.

왼쪽 어깨만 틀어주면 스탠스는 오픈되고 어깨는 닫혀지는 기이한 자세가 됩니다. 힘을 오른쪽으로 틀어보세요.

그렇게되면 백스윙이 쉽게 올라가서 소위 업라이트 스윙이 되어 클럽헤드가 높이 올라가 다운 블로로 찍으면서 공을 잡기가 쉬워집니다.

조사장님, 잠깐 그 어드레스 자세대로 계셔보세요.

?

스탠스 폭이 지나치게 넓은 것 같은데요.

그렇죠?

치고 난 다음 하체가 불안정하게 자꾸 무너지기 때문에 더 견고히 하려고 벌리고 있어요.

하체가 무너지는 이유는 체중이동이 잘안되는 것이 그 원인이라고 했습니다.

넓은 스탠스폭은 체중이동을 더 어렵게 만들어줍니다.

저는 오히려 스탠스를 더 좁게 서 보라고 권하고 싶습니다.

스탠스 폭이 좁아지면 허리회전이 쉬워지고

허리회전이 잘되면 그만큼 체중이동도 쉬워집니다.

체중이동을 쉽게하는 방법중에 스탠스를 좁게 서보는 것도 있습니다.

연습 스윙때는 아예 양발을 모아서 빈스윙을 해보세요. 그 이유를 알게될 것입니다.

어드레스 자세 때 발부터 스탠스를 잡고 서는 것은 잘못된 순서입니다.

이상하네

스탠스를 먼저 정해 놓으면 목표 확인을 위해 방향을 보고 다시 공을 보게 됩니다.

그럼 이상하게 한쪽으로 치우쳐 있다는 생각이 들어 불안에 쌓입니다.

그래서 이리저리 발의 위치를 고쳐 서는 동안 클럽 페이스가 엉뚱한 곳을 향하게 되는 것입니다.

더욱 곤란한 것은 발부터 어드레스를 취하는 경우 더이상 발을 움직이지 않아야 한다는 생각에서 몸이 굳어지기 쉽습니다.

때문에 어드레스는 먼저 공 뒤에 서서 목표와 공을 잇는 라인을 가정하는데서부터 시작해야 합니다.

그 다음 클럽 페이스를 목표 선상에 일치시켜주고 공이 왼발 뒤꿈치 선상에 오도록 왼발위치를 잡아 줍니다.

그 다음 오른발을 벌리고 어깨, 허리의 라인을 목표선과 평행되게 맞추는 것입니다.

대개 아마추어들은 공 위 라인선상에 클럽을 찍어놓고 스탠스를 정하는데

이러면 보기에도 흉하고 바른 어드레스라고 볼 수 없습니다.

이상한 버릇을 가진 골퍼들 중 가장 많은 것이 어드레스 때 왜글(흔드는 것)입니다.

팔을 부르르 떠는 골퍼.

잘 정돈된 어드레스 자세에서 지나치게 핸드 퍼스트 동작으로 들어간 후 백스윙으로 가져가는 사람.

그러나 왜글을 무조건 나쁘다고 말할 수 없습니다.

왜글은 스윙의 축소형이어서 그것이 바르게 행해지면 풀 스윙은 잘되어갈 공산이 큽니다.

왜글은 경직된 몸을 풀어주는 역할을 하기 때문에 필요한 경우도 있습니다.

목표선 위에서 똑바로 뒤쪽으로 흔들어줄 때 왼쪽 팔에 특별히 주의를 기울입니다.

왜냐하면 왼팔은 관절작용으로 콕을 유연하게 만들어줌으로써 바른 스윙을 유도하기 때문입니다.

키작은 사람은 자세를 낮추고 어드레스 했을 때, 백스윙이 좀처럼 자연스레 올라가지를 않거든요.

클럽 샤프트와 팔이 직선 상태가 안되기 때문에 그런 어려움을 느끼게 됩니다.

그래서 자꾸 팔을 세우고 있는데 그래서는 안됩니다.

이럴 때는 백스윙시 클럽헤드를 의식하지 마십시오.

물론 어드레스하고 볼과 클럽헤드가 시야에 들어오겠지만 오직 팔만을 의식하고 백스윙을 가져가 보세요.

좀 더 큰 의미로 어깨를 돌려서 백스윙을 가져가라고 주문하는 것도 이 때문입니다.

이때 왼쪽 팔꿈치 안쪽에 힘이 들어가는 것을 느끼게 되면 좋습니다.

골프는 큰 근육으로 스윙하라고들 합니다. 헤드를 의식하면 손목으로 백스윙을 하게 됩니다. 어깨와 팔만을 의식해서 올려 보세요.

자기의 특성에 맞는
샷을 개발하기 위해
어떤 것이 있을까를
생각해 보도록
합시다.

우선 박여사님처럼
모든 여성은 특유의
문제가 따릅니다.

??

여성은 가슴이 높기
때문에 자유로운
스윙에 방해가
되기도 합니다.

킥

탁씨는 뭐가
재미있어서
킥킥대는
거예요.

어딜가나
주책이라니까

여성골퍼는 특히
어드레스에서 양손을
몸 가까이 지나치게
접근시키거나 하면
스윙이 거북해
집니다.

이것을 피하려면 먼저
그립을 바르게 한후
양쪽팔을 정면으로
똑바로 뻗어서 어깨
높이까지 올린 후에
양무릎을 가볍게
구부려서 클럽이 지면에
닿을 때까지 허리를
앞으로 굽힙니다.
가슴이 방해받지 않는
어드레스가 취해집니다.
이것이 여성의 어드레스
법입니다.

또 한가지, 키가 작은 사람이 롱아이언을 잡고 어드레스했을 때 클럽헤드 토 (끝)부분이 지면에서 뜨는 것을 볼 수 있습니다.

대개 클럽헤드의 솔(밑)부분은 지면에 일치시키라고들 말합니다.

그러나 키가 작은 분들이 롱아이언을 잡았을 때 이를 실행하기 위해 자꾸 다가서서 뻣뻣이 선 자세가 되곤 합니다.

그래서는 좋은 샷을 수 없습니다. 설사 토 부분이 지면에서 뜨는 경우라도 정상적인 어드레스 자세를 취해줍니다.

키가 작은 사람일수록 그립을 낮게 가져가면 로프트도 높아지고 파워도 붙습니다.

물론 공에 가까이 서는 것이 정확성과 인사이드인 스윙으로 가져가기 쉬워 파워가 나는 장점이 있습니다.

그렇다고 키가 작은 사람이 무리하게 다가서면 오히려 스윙이 경직되고 거리까지 잃습니다.

키가 작은 만큼 적당히 물러서서 치는 것이 유리 합니다. 다만 다운블로로 깊이 박아치는 것은 무리가 따르게 되니 쓸어치는 타법이 유리합니다.

닫혀진 어드레스를 취한 사람이게서 훅이 많이 발생합니다.

닫혀진 어드레스는 목표선상보다 오른발이 뒤로 빠진 형태입니다.

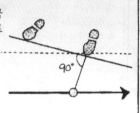

이런 어드레스는 결국 공이 오른발 끝쪽으로 나가 있는 형태가 되고 오른발 끝이 공과 직선 으로 서있게 되는 결과를 가져와서

스윙 궤도가 몸쪽으로 돌아오는 순간에 임팩트를 하게 되어 훅이 나오는 것입니다.

교정은 간단합니다. 어떻게 서있는지 스탠스를 점검해 보는 일입니다.

어드레스에서 몸이 열리면 슬라이스가 나오는 것과 달리 몸이 닫히게 되면 훅볼이 나오는 것은 당연한 이치입니다.

어이구 벙커다.

구질은 똑바로 날아갔는데 벙커야.

그건 스탠스를 잘못선 것이예요.

방금 샷을 한 디벗 자국을 보세요. 벙커쪽으로 나 있지요.

아무리 좋은 샷을 해도 엉뚱한 방향으로 스탠스를 서서는 곤란하겠죠.

바르게 섰다고 생각했는데

대개의 아마추어 골퍼들은 처음 자세를 잘못 잡아서 엉뚱한 방향으로 서는 경우가 많습니다.

탁형은 스탠스를 어떻게 잡고 있나요.

목표 선상에 나란히 스탠스를 잡고 서지요.

그렇게 되면 눈은 방향을 잡고 있지만 클럽 페이스가 엉뚱한 방향으로 향해 있는 경우가 있습니다.

방향은 발부터 잡는 것이 아니라 클럽 페이스부터 방향을 잡고 서야 합니다.

제가 한 번 자세를 취해볼까요.

아마추어들이 발부터 어드레스 자세로 들어가는 잘못 때문에 실수를 하게 됩니다.

좋은 샷을 하기 위해서는 어드레스가 큰 의미를 갖습니다.

어드레스 때 왠지 이상하고 불안하면 틀림없이 좋은 샷을 할 수 없게 됩니다.

여러분들 중에 '오늘은 감이 좋아 잘 맞는다' 라고 하는 날엔

어드레스 때 왠지 편안하고 잘맞을 것 같은 기분이 드는 것을 알 수 있을 것입니다.

좋은 샷은 어드레스에서부터 나온다고 생각하면 틀림없습니다.

시작이 좋아야 그 다음 백스윙 다운스윙 팔로스로우까지 부드럽게 이어지기 때문입니다.

그럼 좋은 어드레스는 어떻게 해야 하나요.

우선 양발을 가지런히 하고 클럽을 똑바로 올렸다가 내리며 가볍게 인사를 하듯 상체를 기울입니다.

상대방의 정면을 치듯 올렸다 내리는 기분입니다.

그 다음 스탠스를 어깨 너비만큼 편안하게 넓혀주고

상체를 굽히더라도 등은 펴줍니다.

엉덩이는 약간 뒤로 빼주고

무릎을 살짝 구부려 줍니다.

그렇다고 무릎을 앞으로 내밀라는 뜻은 아닙니다.

왼팔을 뻗고 오른쪽 팔꿈치는 옆구리에 붙을듯 말듯 붙여줍니다.

오른손이 앞으로 내려 가는 만큼 오른쪽 어깨도 기울어집니다.

이상이 완벽한 어드레스 자세입니다.

우드는 올려 치듯이 아이언은 내려 치듯이 쳐야 한다고 합니다.

그렇다고 굳이 구분해서 샷을 크게 달리 할 필요는 없습니다.

다만 우드와 아이언의 어드레스를 바꾸기만 하면 절로 구분하여 쳐지기 때문입니다.

우선 우드는 볼이 왼발 뒤꿈치 앞에 와있고 스탠스는 넓습니다.

목표선

때문에 어드레스 자세는 볼을 옆에서 보는 자세가 됩니다. 볼보다 머리 위치가 많이 뒤에 와있게 됩니다.

반대로 아이언은 스탠스가 좁아지며 머리 위치도 공 바로 위쪽에 두게 됩니다.

바로 이 차이로 인해 우드와 아이언의 샷이 달라지는 것입니다.

즉 우드는 올려치고 아이언은 내려치는 샷이라는 것입니다.

골프는 어드레스와 백스윙 등 스윙의 시작 부분이 매우 중요합니다.

이처럼 스윙의 시작인 어드레스부터 잘 되어야만 피니시까지 좋은 샷으로 마무리를 할 수 있게 됩니다.

앞서 말하는 우드와 아이언 샷의 차이점은 결국 어드레스에서 달라진다고 말씀드렸습니다.

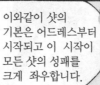

이와같이 샷의 기본은 어드레스부터 시작되고 이 시작이 모든 샷의 성패를 크게 좌우합니다.

때문에 어드레스 자세때 왠지 거북하면 대개 미스샷을 하게 마련입니다.

결국 어드레스는 클럽의 길이에 따라 공의 위치, 스탠스의 폭에 의해 달라지는 걸 알 수 있습니다.

어퍼 블로와 다운 블로의 차이는 스탠스의 폭과 공의 위치에 따라 좌우된다고 말씀 드렸습니다.

볼의 위치와 스탠스의 폭은 여러차례 강조했습니다만 다시 한번 점검해서 맞는 어드레스를 취하고 있는지 확인해 봅시다.

특히 어느날 갑자기 샷의 감을 잃어 슬럼프에 빠졌을 때 제일 먼저 점검해 보는 것이 이것입니다. 어드레스가 좋아야 백스윙도 다운스윙도 피니쉬도 좋아져서 멋진 샷을 구사할 수 있습니다.

The diagram labels:
드라이브
페어웨이우드
롱아이언
미들아이언
숏아이언
웨지

Table: 웨지 | 숏아이언(I) | 미들(I) | 롱(3) | W1 | W3 | W1

멋지게 하나
날려야지.

잠깐!
조사장님은 왜
클럽헤드를
덮는거죠?

원체
슬아이스가
많이 나서
약간씩 덮어요.

그건 아주 나쁜
습관입니다.

슬라이스가
발생한다고
헤드를 덮어서
어드레스하면서

자꾸
오른쪽으로
내밀어치려는
방법 등은
나쁜 습관
입니다.

슬라이스가
난다거나

원하지 않는
타구가 발생
했을 때는
올바르게
대처해야
합니다.

스윙 자체를 시정하는
노력을 해야 합니다.
그렇지 않고 방향을
오조준하거나
클럽헤드를
돌려서 어드레스한다면
스윙은 자꾸만 이상한
방향으로 변해 버립니다.

그렇다고 해서
헤드를 덮거나
열거나 하는
등의
변칙시정법은
나중에 더 나쁜
결과를 초래
합니다.

꽤 멀리 연못을 넘겨야 하는데 빠트리지 말아야지.

어머머.

저 정도는 충분히 넘길 수 있었는데 빠졌어.

그렇죠. 심리적으로 불안해서 그렇습니다.

연못이나 깊은 벙커 등을 넘겨야 하는 곳에서는 중압감으로 어드레스 자세가 위축됩니다.

그 위축된 어드레스로 인해 스윙이 작아져서 넘길만한 거리인데도 넘기지 못하는 아주 형편 없는 미스샷을 하게 됩니다.

이럴땐 어드레스부터 중압감을 털어내야 합니다. 등을 뻗고 양어깨를 뚝 떨어트려 어드레스 를 하는 것이 요령입니다. 편안한 스윙으로 인도할 것입니다.

양어깨를 떨어트리라는 말은 물론 어깨의 힘을 빼서 부드럽게 하기 위함입니다.

누구나 골프를 하다보면 걷잡을 수 없는 슬럼프가 찾아올 때가 있습니다.

이유도 모른채 갑자기 거리가 줄어든다거나 방향이 엉망이 되곤합니다.

무엇을 어떻게 교정해야 좋을지 난감한 지경에 빠지게 됩니다.

이럴 때는 처음 레슨을 받던 때를 생각합시다.

우선 그립을 살피고

하프스윙으로 스윙궤도를 점검해야 합니다.

자기도 모르는 사이 스윙궤도가 틀어져버렸기 때문입니다.

그보다 더욱 중요한 것은 스탠스입니다. 몸의 정렬과 공의 위치가 바로 되어있는 가를 점검해 봐야합니다.

대개 거리가 나가지 않는다거나 방향이 나쁠 때는 클럽 페이스 한 복판에 공이 맞지않기 때문입니다. 이는 스윙보다 스탠스 정렬이 잘못되었을 때 많습니다.

짧은 어프로치나
가파른 각도로 볼을
잡아야 할 때의
어드레스는 대개 핸드
퍼스트의 자세
를 취합니다.

그러나 정상적인
샷에서 핸드
퍼스트의 자세는
하체리드의 방해가
되기도 합니다.

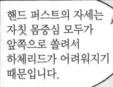

핸드 퍼스트의 자세는
자칫 몸중심 모두가
앞쪽으로 쏠려서
하체리드가 어려워지기
때문입니다.

때문에 정상적인 샷의
어드레스 특히 드라이버
샷 때는, 손이 볼의
앞쪽으로 나가지
않도록 해줍니다.

그래야만 백스윙때 체중이
오른발에 완전히 걸치게
되면서 하체리드가
쉬워집니다.

하체리드로 다운 스윙을
해야만 인사이드인의
스윙궤도를 유지할 수
있기 때문입니다.

어어 벙커다.

모처럼 샷도 좋았고 볼도 바르게 날아갔는데 스탠스를 잘못 섰나?

그래요.

어드레스가 잘못 되었어요.

그럴 리가 없는데.

대개 목표를 정확히 겨냥해 선다면서 스탠스와 클럽헤드를 평행되게 하는 실수 때문입니다.

그런 다음 볼은 오른쪽으로 밀어쳐서 방금과 같은 실수를 하게 되는 것입니다.

목표에 정확히 겨냥한다는 것은 클럽페이스만 목표에 일치시킨다는 것을 염두에 두어야 합니다

그런 다음 발과 엉덩이와 어깨는 표적선과 평행되게 정립시키는 것입니다.

어머나

저는 칩샷을 할 때 두껍게 맞거나 얇게 맞는 등 뒤죽박죽이에요.

칩샷은 가장 예민한 샷이기도 합니다.

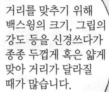

거리를 맞추기 위해 백스윙의 크기, 그립의 강도 등을 신경쓰다가 종종 두껍게 혹은 얇게 맞아 거리가 달라질 때가 많습니다.

이는 첫째, 상체가 낮아졌다 높았다 하는데 그 원인이 있습니다.

그 결과 척추의 각도가 일정치 않아 생기는 현상입니다.

앞으로는 다음과 같은 상상을 해보시기 바랍니다. 즉 어드레스때 턱을 카운터에 올려놓고 쉬게 한다고 생각해 보세요.

스윙을 끝마칠 때까지 이 자세를 유지시킨다고 생각한다면 상체의 상하움직임이 없어져서 견고한 샷을 할 수 있게 될 것입니다.

어드레스시 등을 펴고 엉덩이를 약간 뒤로 뺀 뒤 자연스레 허리를 굽히라는 주문을 합니다.

그러나 막상 실행에 옮기려면 이것이 잘 안되는 경우가 많습니다.

이 연습을 위해 간단한 띠 하나를 준비합니다.

자기 키에 알맞은 길이로 한쪽 끝을 티로 땅에 박고 그것을 목줄마냥 목에 걸어 봅니다.

주위의 도움으로 가장 적당한 어드레스 자세에서 줄을 팽팽하게 해놓고 그 상태에서 스윙을 해봅니다.

이 연습의 목표는 임팩트 후에 땅에 고정시킨 티가 뽑혀 지도록 하는 것입니다. 임팩트 전에 티가 뽑혀지면 자세가 많이 흔들렸다는 뜻입니다.

이번 홀은 내리막길 이군요.

내리막인데다 똑바로 쳐야 되니…

이런 경우 기본을 잘지켜야 해요.

기본이란 똑바로 바르게 치는 방법이므로 되풀이 해둘 필요가 있습니다.

먼저 셋트 업 입니다.

공의 뒤쪽에 서서 목표를 설정합니다.

공과 목표를 연결하는 비구선을 기억해 두었으면 클럽페이스를 목표에 스퀘어로 셋트합니다.

페어웨이가 좁아보여 티샷하기가 힘들겠어요.

공 앞 50㎝정도 되는 비구선상에 표시를 기억해 놓으면 쉽겠지요.

다음에는 비구선과 평행으로 스탠스를 취하고

공은 왼발 뒤꿈치 앞. 먼저 왼발을 정하고 오른발을 벌려 위치를 정합니다.

이것으로 완료. 목표를 몇번이고 확인하거나 우물쭈물하지 않고 타이밍을 맞춰 스윙에 들어 갑니다.

아마추어들의 셋트업을 보고 있으면 애매하게 목표를 설정하며, 스탠스의 위치를 결정하고 나서 클럽페이스를 맞추고 있는 사람을 많이 발견합니다.

이와 같은 내리막길 홀에서는 특히 올바른 셋트업이 필요합니다. 순서를 뒤바꾸면 올바른 자 세가 나오지 않습니다.

스윙은 어드레스로 결정된다고 들었는데…

예, 그만큼 어드레스는 중요합니다.

예를 들어 오른쪽 다리에 체중을 실은 자세는 떠올리는 타법이 됩니다.

이런 자세에서는 위에서부터 다운블로우로 공을 치려고 해도 무리입니다.

반대로 왼쪽다리에 체중을 실은 자세는 공이 뜨지 않습니다.

체중

이런 자세로 공을 올리려는 건 미스샷의 원인이 됩니다.

그럼 드라이브와 아이언의 자세는 달라야 하나요?

클럽에 따라 다르기보다 샷의 목적에 따라 다릅니다.

예를 들어 드라이브샷은 공을 높이 멀리 보내는데 목적이 있습니다.

또한 같은 드라이브 라도 맞바람에서 낮은 공을 치고싶을 때도 있는 겁니다.

멀리 보내고 싶을 때는 역 K자 모양이 좋겠지요.

체중은 좌우 다리에 균등하게 실지만 약간 오른쪽어깨가 내려가며 눈은 공뒤의 반쪽을 봅니다.

이 자세라면 몸의 왼사이드가 당겨져 공을 어퍼블로우로 잡아 마음껏 휘둘러 빠져갑니다.

헤드 궤도의 최하점

어퍼블로우 클럽헤드가 최하점을 지나 올라갈 때 공을 잡는다.

위에서부터 공을 잡고 싶을 때의 어드레스입니다.

티업되어 있지 않는 아이언샷은 위에서부터 공을 잡지 않으면 가지 않습니다.

이 경우 Y자 모양의 자세가 됩니다.

체중은 양다리에 균등히 하고 눈은 바로 위를 봅니다.

체중은 왼다리에 너무 실으면 임팩트 이후 인사이드가 막혀버려요.

잘치고 빠지기가 어려워 집니다.

또한 드라이브 때처럼 역 K자로 자세를 취하면

떠 올리는 타법이 되어 뒤땅이나 탑볼같은 미스가 나옵니다.

공을 바로 위에서 내려다보면 자연히 양어깨는 지면에 평행이 되어 위에서부터 내려 치기 쉬워 집니다.

아이언에서는 방향성이 가장 중요하기 때문에 이 자세가 가장 중요 합니다.

드라이브 샷일때도 비거리보다 방향성을 선택할 때는 이 자세를 취할 수가 있습니다.

그런 경우 드라이브를 약간 짧게 잡아 힘을 빼고 휘두르고 빠지면 방향성이 좋아집니다.

52

그린 옆 짧은 어프로치샷을 할 때도 취하는 자세가 있습니다.

50야드 혹은 30야드의 어프로치에서도 150야드 때와 똑같은 자세를 취하고 있는 사람을 봅니다.

NO

이래서는 미스를 초래합니다.

비거리는 필요 없으므로 큰 자세가 필요없습니다.

스탠스는 좁히고 몸도 작게 자세를 취합니다.

이 경우 y자 모양의 자세가 됩니다.

스탠스를 좁히고 체중을 왼다리에 많이 실으며 눈을 공 바로 위에서부터 내려다봅니다.

이 자세를 취했으면 다음은 하반신을 움직이지 말고 어깨와 팔의 휘두름으로 공을 위에서부터 잡습니다.

휘둘러 올리고 휘둘러 내리기만 하므로 미스샷이 줄어들며 미묘한 거리도 맞히기 쉽습니다.

이상과 같이 어드레스는 큰 자세를 하고 작게 휘두르는 것은 무리가 생깁니다.

날리고 싶을 때는 날리는 자세, 붙이고 싶을 때는 그에 알맞은 자세를 취해야 미스가 줄어듭니다.

주춤

주춤

앗!
쪼로다

따닥

아무래도 백스윙에
들어가는 타이밍을
파악하기 힘들어요

그래요. 스윙은 리듬이
중요한테 특히 어드레스에서
백스윙에 들어가는 타이밍이
문제가 됩니다.

그저 어드레스에서
휙하고 스윙에
들어가기보다

타이밍을 만드는
작은 움직임이
있으면 리드미컬한
백스윙에 들어갈 수
있습니다.

예를 들어 그립(양손)을
목표방향으로 조금 밀
듯이 내보낸 후 그
반동으로 클럽을
올려가는 사람이
있습니다.

골프용어에서는 '포워드
플레스' 라고 하며
프로에게서도 많든적든
이러한 움직임을 발견
할 수 있습니다.

오른쪽 넓적다리를
조이듯이 하면
오른사이드에 당기는
힘이 나옵니다.
오른사이드가 든든
해지는 것이죠.

넓적다리는
조이는
것처럼
낸다.

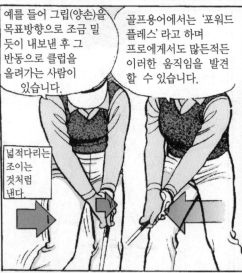

이와 같이
조그만 동작으로
백스윙의
타이밍이
생깁니다.

아무래도 불안한데.

어드레스가 불안하면 리듬이 나오지 않아요.

먼저 볼의 후방에 서서 칠 방향을 확인합니다.

동시에 비구선을 산정합니다.

그 다음 비구선에 평행으로 서서 페이스를 목표에 바르게 향하도록 합니다.

그 다음 왼발의 위치를 정하고

마지막으로 오른발을 자신의 스탠스대로 넓힙니다.

이것으로 어드레스는 완료됩니다.

넓은 페어웨이에서는 막연히 서면 자신이 어느 방향으로 섰는지 알지 못하죠. 순서를 지켜 바르게 샷 합시다.

가르쳐준 대로 어드레스를 하려해도 도저히 안되는걸….

러프에 공을 집어 넣어놓고 무슨….

골프에서 샷을 성공시킬 수 있는 가장 중요한 포인트는 무엇일까요?

샷은 백스윙까지가 80퍼센트가 결정된다고 합니다.

백스윙이 나쁘면 다운스윙이 좋을 수 없기 때문이죠.

그것은 즉, 어드레스가 나쁘면 스무드하게 좋은 백스윙에 들어갈 수 없습니다.

그럼 어드레스가 가장 중요한 건가요?

그렇습니다. 스윙의 모든 점을 쥐고 있는 것은 어드레스라고 할 수 있습니다.

예를 들어 백스윙을 인사이드로 당기는 사람은 클로즈드 스탠스의 경우가 많습니다.

자세가 사이드로 당기기 쉬운 자세가 되어 있습니다.

목표

또한 붙일 때 거리맞추기가 힘들다는 사람은 스탠스가 지나치게 넓은 경우가 많습니다.

거리 맞추기가 힘든 스탠스 라고 봐야겠죠.

양어깨, 허리, 양다리의 라인이 목표에 바르게 향하고 있는지 체크할 필요가 있습니다.

목표

프로가 미스샷을 한후 어드레스한 장소의 후방에 서서 목표에 바르게 서 있었는지 확인하고 있는 장면을 보는 수가 많습니다.

프로에서도 어드레스에 따라 미스샷이 가장 많은 것입니다.

왜 그러시죠?

아무래도 자세가 목표를 향하고 있는지 불안해요.

그래요. 어드레스 자세가 불안해서는 스윙까지 이상해 집니다.

내가 어느 쪽을 향하고 있는지 모르겠어요.

먼저 공의 뒤쪽에 서서 목표를 정확하게 정합니다.

그다음 공과 목표연결선 상에 무엇인가 표적을 기억해 둡니다.

목표

표적

공앞 30cm나 1m 정도가 좋습니다.

그리고 표적과 공을 연결하는 선에 평행되게 섭니다.

목표

클럽페이스로 표적을 향하도록 맞춥니다. 그것으로 어드레스는 완료되는 것입니다.

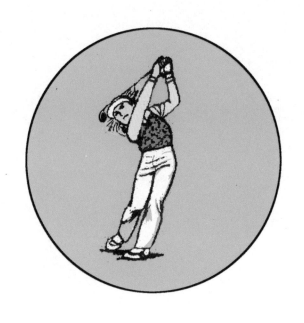

제 3 장

드라이버 샷

자! 필드에 나왔습니다. 이제 티샷부터 해보기로 하죠.

비기너는 벌써 가슴이 두근거리는데요.

조사장님부터 시작해 보세요

떨린다

우왓! 토핑이다.

볼을 끝까지 보고있지 않기에 나온 결과입니다.

그리고 스탠스는 목표점과 나란히 서있으나 어깨가 열려있어요.

어드레스하기전에 볼의 후방에 서서 그림과 같은 선을 상상합니다.

클럽페이스의 목표, 양발, 허리, 어깨의 목표를 찾아내 그 목표와 각부를 연결하는 상상선을 그립니다. 물론 눈은 볼을 보고 있지만 마음의 눈은 상상선을 보고 있어야죠.

탁형! 지금 이미지선을 떠올리고 있는 중이요?

이프로의 늘씬한 몸매를 상상하고 있었습니다. 히히…

자! 다시 한번 드라이브 샷을 시도해 보세요.

이번엔 잘맞아야 할텐데.

우… 슬라이스다

조사장님의 샷에서는 대다수 골퍼들이 범하는 실수를 하셨어요.

클럽헤드가 공에 맞는 순간이 너무 짧아서 나타나는 현상입니다.

클럽헤드가 볼에 임팩트 되는 순간 오른팔을 앞으로 쭉 펴서 밀어줘야죠

즉, 볼을 한동안 앞으로 밀고나가는 스윙이 돼야합니다.

임팩트 이후에 오른팔을 충분히 뻗는데 따라 큰 스윙이 되는 것이죠.

으… 저 시원한 스윙폼.

오른팔을 뻗어줘라…

윽! 사람치네.

펙

호호… 그래야만 거리도 나오게 됩니다. 갖다 대기만 하는 스윙은 거리도 형편없는 법이에요.

내가 해볼께요. 내 특기가 드라이브 샷입니다.

프로라지만 여자가 뭐… 거리에는 날 당하지 못할걸…

어디 깜짝놀라게 해줘야지.

왓!… 나도 슬라이스다.

너무 힘이 들어가 있는 결과 예요.

핸디가 13정도 되면 초반에는 더욱 힘을 빼고 스윙을 가져가야죠.

다운스윙때 힘을 주었기 때문에 왼쪽허리가 당겨 몸이 열리게 되고 클럽페이스도 같이 열린 채 맞아 슬라이스가 나는거죠.

왼쪽허리를 볼이 날아가는 방향에 벽이있어서 부딪친다는 느낌으로

그후 왼다리를 힐 다운 함과 동시에, 허리를 돌려 오른쪽 허리의 움직임을 왼쪽다리 안쪽으로 막아내는 겁니다.

탁씨는 여자인 나보다 거리에선 자신있다고 무모하게 힘이 들어가 몸이 열려버린거예요.

내 마음을 몽땅 들켰다. 자기를 좋아하고 있는 내 속마음은 모를까?

63

애개…
저거밖에
안나가네. 내
나이에는 장타는
무리인가봐.

거리를 늘리려면
백스윙에서 보다
많이 몸을 틀
필요가 있습니다.

하지만 나는
몸이 굳어서

몸이 굳거나 배가
나온 사람은 백스윙때
왼발 뒤꿈치를 들어
몸의 틀을 보조하세요.

몸을 마음껏
틀어줌에 따라
최대의 거리를
얻을 수
있는거죠.

몸을 틀고 있으면서
왼쪽어깨가 떨어져 있는
사람을 보게 되는데 그러면
파워가 안 납니다.

톱스윙의 자세는 완전히 감은
태엽을 생각하면 됩니다.

왼쪽 발꿈치를 올리면서
왼쪽어깨가 떨어지는 것을
막아 양쪽어깨를 수평으로
강하게 회전시키는 거죠.
왼쪽 발꿈치를 들어도 몸의
축이 움직이면 무의미
합니다. 오른쪽으로
움직이려는 몸을 오른쪽
넓적 다리 안쪽으로
단단히 막아냅니다.

슬기씨 장딴지에
건강미가 넘치는게
다 스웨이를
막아주는 훈련
때문이군요.

수군수군

응큼하게 처녀
다리만 보고
있었군.

또…
뭘
수군대고들
있는거예요

파5홀이군…
멀리 날리면
버디찬스가
올거야.

으앗!
걸렸다.

탁씨는 스윙때
몸의 스웨이가
눈에 띕니다.

샷이 안정되지
않는건 그
때문이에요.

스웨이?

백스윙때 몸의
축이 오른쪽으로
움직이는 거죠

그래선
정확하게
히트할 수
없어요.

스웨이를 방지하려면
하반신을 안정
시켜야만 하는데
포인트는 허리입니다.

허리가 움직이면
하반신도 따라
움직이죠. 백스윙때는
허리를 움직이지 않고
그 위치에서 돌려 주는
겁니다.

같은 위치에서
허리를 돌리면
축은 움직이지
않습니다.

톱스윙에서 오른쪽
넓적다리 안쪽에
힘을 느끼게 되면
축이 움직이지 않는
완전한 백스윙입
니다.

그저 모든게
욕심을
부른다.

참… 백스윙 때 클럽을 올리는 방향 말예요.

될 수있는 대로 비구선을 따라 올라가는 겁니까?

아니면 인사이드로 끌어 당기는 겁니까?

비구선 후방도 인사이드도 아닙니다.

스윙은 몸의 축을 중심으로 하는 원운동 이에요. 클럽헤드로 원을 그리며 돌립니다.

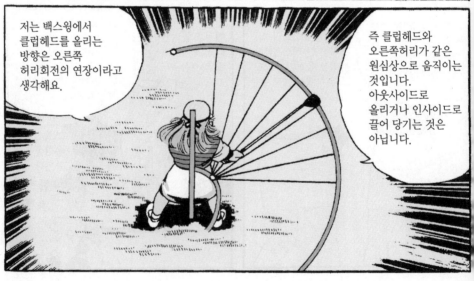

저는 백스윙에서 클럽헤드를 올리는 방향은 오른쪽 허리회전의 연장이라고 생각해요.

즉 클럽헤드와 오른쪽허리가 같은 원심상으로 움직이는 것입니다. 아웃사이드로 올리거나 인사이드로 끌어 당기는 것은 아닙니다.

또 슬라이스네

슬라이스를 막으려고 기를 썼는데 또야.

조사장님은 손목의 콕이 잘못 됐어요.

탑에서 손목이 손등쪽으로 꺾어져 있어요.

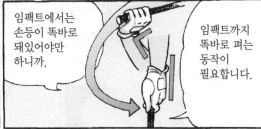

임팩트에서는 손등이 똑바로 돼있어야만 하니까.

임팩트까지 똑바로 펴는 동작이 필요합니다.

처음부터 손등이 똑바로 돼있으면 그런 불필요한 동작이 필요없어집니다.

탑에서는 손이 손등쪽으로 꺾이는 것이 아니라 왼손의 엄지손가락 쪽으로 꺾이는 겁니다. 왼손 엄지손가락으로 무게를 지탱하는 느낌이죠.

슬라이스가 나는 대다수의 사람이 이 콕을 착각하고 있습니다. 손이 손등쪽으로 꺾이면 헤드가 바깥 (아웃사이드)에서부터 내려오기 쉽습니다. 왼손이 엄지손가락 쪽으로 꺾는 바른 콕이 되면 클럽은 인사이드로부터 내려와 슬라이스를 방지합니다.

약간 올려쳐야 하는 공이로군요.

어이쿠! 슬라이스로군.

비껴맞은 공이 됐어요. 쳐올리는 것을 의식한 탓인지.

백스윙에서 어깨가 떨어지고

임팩트후 왼쪽어깨가 올라갔기 때문에 비벼대듯 공이 맞은 겁니다.

쳐올리는 공이라도 억지로 높은 공을 치려고 하지 않아도 됩니다.

높은 공을 의식하면 임팩드 이후 왼쪽어깨가 올라가 손목의 돌아옴이 늦어져 공을 문지르게 됩니다.

다운스윙에서도 왼쪽어깨를 돌리지 않고 턴해 갑니다.

이렇게 하면 손목이 잘돌아와 힘있는 공이 되어 높이도 충분히 올라 갑니다.

나도 슬라이스다.

내 경우 원인은 뭐죠?

여러가지 있습니다만

하나는 어드레스때 양팔의 위치입니다.

조사장님은 자세를 취할 때 오른팔이 왼팔위에 있습니다. 이래서는 아웃사이드인의 커트타법이 되기 쉽습니다.

어드레스에서 오른팔은 왼팔밑에 가야만 합니다. 오른쪽 겨드랑이를 붙이고 팔꿈치를 약간 구부린 상태입니다.

이런 자세면 백스윙에서도 오른쪽 겨드랑이가 붙고 다운스윙에서도 인사이드인의 스윙궤도로 커트타법이 방지되어 힘있는 공이 됩니다.

거리가 안나와
나이의 한계인가?

아직 젊으신데
나이를 따질 이유는
없어요.

그럼 어떻게
하면 되죠?

으그…젊다니까
좋아하시네.

조사장님은 다운
스윙에서 임팩트가
분산되고 있어요.

다운스윙에서
임팩트에 걸쳐
몸이 왼쪽으로
흐르고 있어요.

이래가지고는 모처럼 모은
오른쪽으로부터의 힘을 바깥쪽으로
놓쳐버리고 맙니다. 다운스윙
때 오른쪽으로부터 턴해온 힘을
왼쪽넓적다리 안쪽으로 단단히
막아내야 합니다.

이렇게 왼쪽 다리로
꽉조이는 상태에서
"오른쪽에서 턴해온 힘을
벽에 던진다" 이것이 거리
에서 강력한 펀치력이
생기는 거죠.

권투에서
끊어치는 펀치란
말이 있죠? 바로
그겁니다.

왼쪽에 연못이 있는 홀이군요.

왼쪽으로 안갔으면 좋겠어요.

절대 왼쪽으로 가지않게 치는 방법이 없을까?

슬라이스로 치면 되지 않아요?

슬라이스로 쳤다가 너무 휘어서 산으로 가버릴 것 같은데

연못보다는 낫잖아요.

그래요.

조사장님께서 말한대로 슬라이스를 치면 되는데 너무 휘면 곤란하지요.

간단한 방법이 있습니다.

티업을 조금 낮게 하는 겁니다.

그 다음엔 보통으로 치면 조금 슬라이스 난공을 칠 수 있습니다.

티를 낮게 꼽아도 위에서부터 세게 내려치면 공중볼이나 슬라이스가 나도 많이 휘게 됩니다.

보통으로 스윙하면 조금 탑느낌으로 맞아 휘어짐이 적은 슬라이스가 됩니다.

반대로 티가 높으면 혹이 날 가능성이 큽니다.

약간의 슬라이스를 원한다면 티를 높게 하지 않는 편이 좋습니다.

나이스 샷!

따닥

나이스 샷!

조금만 더 비거리가 나왔으면

잘치시고도 욕심은 끝이 없다니까.

힘을 쓰는 방법을 조금만 잘하면 비거리가 늘어나지요.

힘을 쓰는 방법?

조사장님은 백스윙에서 어깨나 팔에 너무 힘이 들어가 있어요. 탑까지는 힘이 필요 없습니다. 그저 어깨를 돌리기만 하면 됩니다.

또한 일반인들은 탑에서부터 즉시 힘을 넣어 쳐 나가는데 다운스윙에서 힘을 넣는 것은 손이 어깨까지 내려 왔을 때입니다.

헤드 스피드가 최대가 되는 것은 임팩트 후라고 생각하고 휘두르는 것이 좋습니다.

이곳에서 처음으로 손에 힘을 넣는다.

이곳에서 헤드 스피드가 최고라고 생각하고 휘두른다.

내려치는 곳이군… 멀리 뻗겠는데 마음껏 날려 보자.

그렇게 어깨에 힘을 넣지 마세요.

또한 상체만의 스윙이 되기 쉬워 에러가 나옵니다.

크게 날리려는 욕심으로 어깨나 팔의 근육을 경직시키면 부드러운 샷이 안됩니다.

좀더 근육을 릴랙스 시켜서 밸런스를 맞춰 자세를 취해야 합니다.

왼손의 새끼손가락 약지,중지 세손가락으로 꽉 잡아주세요.

이렇게 하면 팔 위쪽의 근육이 느슨해져서 어깨의 힘이 빠집니다.

또한 팔 아래쪽 근육이 당겨져 왼쪽겨드랑이의 조여짐을 느낄 수 있습니다..

어깨의 힘을 빼라고 하면 모든 곳의 힘을 빼는데 그럼 강한 공을 칠 수 없습니다.

어딘가 일부를 꼭 조여야 하는데 팔 아래쪽 근육긴장과 왼쪽 겨드랑이의 조임입니다. 그리고 왼쪽의 새끼, 약지, 중지 세손가락을 꽉 잡고 왜글을 해보아 왼쪽 겨드랑이의 조임을 느껴봅니다.

그리고 무릎의 힘을 빼고 하반신이 스무드하게 움직이도록 합니다. 그리고 마음껏 스윙을 하면 강한 공이 나옵니다.

이번 홀은 왼쪽에 연못이 있네.

이런때는 오른쪽으로 휘는 볼을 쳐야 할텐데 페이드 볼이라고 하나요?

절대 왼쪽으로 가지 않는 볼을 치는 법을 가르쳐 드리죠.

먼저 오픈스탠스로 섭니다.

페어웨이 중앙

어! 이렇게 서면 되레 연못쪽으로 향하는데요.

그걸로 된겁니다.

공은 왼발 뒤꿈치 앞에 놓습니다.

티업을 조금 낮게 합니다.

그리고 연못을 향해 치세요. 연못에 빠트리는 작전으로 치는 겁니다.

에라 모르겠다.

우와 깨끗하게 휘었다.

그것이 페이드볼을 치는 방법입니다. 오픈스탠스로 서면 백스윙때 인사이드로 당기기 어려워집니다.

그리고 탑에서 왼쪽으로 휘두르면 아웃사이드인의 스윙 궤도가 되어 공에 오른쪽 방향으로 회전을 주게 되어 오른쪽으로 휩니다. 확신을 가지고 힘껏 왼쪽으로 쳐 냅니다.

나도 여기에서는 왼쪽연못을 피해 페이드 볼을 치고 싶은데요.

비거리도 떨어지지 않는 본격 페이드 볼을 가르쳐 드릴 게요.

약간 오픈스탠 에다

페어웨이의 좌단을 노린듯이 섭니다.

탁형은 핸디 13이니까 크게 휘는 슬라이스 여서는 곤란해요.

공은 왼발 뒤꿈치앞, 티업을 조금 낮게 합니다.

체중은 6대4로 왼발에 많이 걸칩니다.

마치 y자와 같은 자세죠.

이 자세에서 클럽은 아웃사이드로 올라갑니다.

아웃사이드로 부터 쳐 박으면 됩니다.

무리하게 쳐박을 필요 없습니다.

티업은 낮고 체중은 왼다리에 많이 걸쳤기에 자연히 위에서 치는 것 같이 됩니다.

이 스윙에서 주의할 점은 체중이 왼다리에 걸쳐 있으므로 스윙에서 몸이 쏠리기 쉬워집니다. 그래서 미스샷이 나오기 쉽습니다.

탑에서 다운 스윙에 걸쳐 머리를 움직이지 않고 회전하듯 휘두릅니다. 마음껏 왼쪽으로 치고 빠지듯이 하면 비거리가 떨어지지 않는 페이드 볼이 됩니다.

NO

따닥

굿샷!

저도 비거리를 내고 싶은데요.

모든 스윙에선 어드레스가 중요합니다.

오른발을 약간 뒤로 물려 클로스 스탠스로 합니다.

이렇게하면 인사이드에서 공을 히트시키기가 쉬워집니다.

또한 티업을 평소보다 높게 합니다.

아래서 위로 털어내듯이 치기 위해서입니다.

공이 좀 안으로 들어간듯한 느낌인데요.

클로스 스탠스이므로 괜찮습니다.

이런 자세라면 백스윙은 인사이드로 끌어가기 쉬워집니다.

게다가 왼쪽어깨가 깊게 들어가 충분한 탑스윙이 됩니다.

다운스윙은 인사이드로 나와 아웃사이드로 빠져나가는 느낌입니다.

이런 헤드 궤도에 의해 공에 훅회전이 걸려 강한 공이 되는 겁니다.

타구는 약간 왼쪽으로 휘므로 목표보다 오른쪽을 노리고 칩니다.

이 타구는 런이 많이 나오므로 거리를 낼 수 있습니다. 힘이 없는 사람이나 여성에게 권할만 합니다.

조사장님도 샷을 저렇게 바꾸시는게…

멋진 드라이브를
한번 날려야지.

어마!
공중볼
이다.

공밑을
쳤어.

세게 치려다가
몸이 스웨이 돼
버렸어요.

백스윙때 오른쪽,
다운스윙때
왼쪽으로 몸을
흔들면서 쳤어요.

이런 경우
정확히 공을 잡을
수가 없어요.

또한 스윙에
축이 없어서
맞아도 거리가
나지 않지요.

하반신이 단단히
고정돼 있지 않아서
몸이 움직이는
겁니다.

하반신은 스윙
의 토대입니다.
좀더 견고하게
서야죠.

단단히 서서 좀더 오른쪽
무릎을 안쪽으로 조이도록
합니다. 가볍게 조입니다.

오른쪽다리의
안쪽근육이 긴장되는
것을 느낄 수 있을
겁니다.

백스윙은 이런
안쪽근육에 힘을
넣어 몸을 비트는
겁니다.

오른쪽다리
안쪽근육에 힘을
넣어 비틈으로써
몸이 오른쪽 사이드로
움직이는 것을
막아줍니다.

백스윙은 몸을 세게
비틈으로써 힘을
축적합니다.
오른쪽다리 안쪽의 근육을
중심으로 몸을
비틈으로써 힘과 축을
움직이지 않는 두 가지
효과를 얻을 수 있습니다.

저것봐 도무지 거리가 나질 않으니…

내 나이론 거리 욕심은 내지말라 그건가?

그렇지 않아요. 누차 말했듯이 조사장님은 끊어 치지 못해서 거리가 나지 않는 겁니다.

그래서 슬라이스가 나는 것이고…

아마추어의 영원한 소망은 슬라이스방지와 거리입니다.

곧 슬라이스를 방지하면 거리를 얻게 됩니다.

조사장님은 백스윙에서 비튼 몸을 다운스윙에서 풀어줄 때 몸 전체가 흐르고 있습니다.

결과적으로 밀어치듯 깎여 맞으니까 슬라이스가 나며 거리가 나지 않는 겁니다.

백스윙에서 잔뜩 몸을 비틀어 오른쪽에 힘을 모은 것은

다운스윙에서 왼쪽으로 던지기 위한 동작입니다.

이때 비튼 몸을 풀어주며 팔과 손 클럽을 왼쪽으로 마음껏 던져줍니다.

반면 왼쪽으로 끌려나가려는 몸을 왼쪽어깨, 왼쪽허리, 왼쪽다리로 단단히 잡아 두는 것입니다.

마치 튀쳐나가려는 스프링의 어느 한쪽을 막아 뒀을 때 생기는 파워를 생각하시면 됩니다.

전 슬라이스도 아닌데 거리가 나지 않아요.

박여사님은 엉뚱한 곳에 힘을 줬기 때문입니다.

엉뚱한 곳?

백스윙때 거리욕심으로 탑에서 잔뜩 힘이 들어가고 정작 볼을 치는 다운스윙때는 힘이 빠져 있습니다.

백스윙때는 그냥 가볍게 어깨만 돌려줍니다.

팔이나 손에 힘을 줄 필요는 없습니다.

그리고 다운스윙도 탑에서 바로 치려하지 말고 서서히 허리를 먼저 돌려 줍니다.

그리고 손이 어깨높이쯤 왔을 때부터 힘을 주면서 볼에 대한 집착을 가집니다.

그렇게 끌려내려온 클럽헤드는 임팩트 순간에 많은 스피드가 나게 됩니다.

헤드의 최대 스피드는 볼을 치기 전이 아니라 직후라는 것을 명심하세요.

이곳은 티샷이 골짜기 너머로군요.

치기 어렵겠는데…

골짜기를 의식하면 할 수록 정상적인 스윙이 나오지 않습니다.

공을 올리려고 퍼올리는 스윙을 하면 뒤땅이나 탑의 원인이 되기 쉽습니다.

또 정확하게 맞히려고 공에 맞춰가는 것 같은 스윙을 하게 되어 휘기 쉽습니다.

!

골짜기를 의식한 나머지 다운스윙에서 막상 칠 순간에 불안이 머리를 스쳐 스윙을 바꿔버립니다.

불안

임팩트를 지나치게 의식한 나머지 골짜기를 넘겨야 한다는 불안감이 임팩트의 불안이 되어 이상한 스윙이 되는 겁니다.

다운스윙에 들어가면 임팩트를 의식하지 않도록 합니다. 클럽헤드를 공에 맞추는 것보다 뿌리치는 것 만을 생각합니다.

바꿔말하면 피니시의 위치를 설정해 놓고 그곳으로 휘두르는 일을 생각합니다. 힘을 넣지 않고 뿌리치면 정확하게 맞으며 별로 휘지 않습니다.

탁형 정도면 이런 골짜기 정도는 신경 안쓰이죠?

저는 이런 경우 공을 떨어트릴 장소를 신경 씁니다.

저쪽 페어웨이 좌측으로 칠 것 만을 생각 합니다.

그래요. 이럴땐 의식을 다른 쪽으로 옮기는 것도 하나의 방법입니다.

탁형과 같이 목표에 의식을 집중시킵니다.

저곳으로 쳐야지 하는 것만 생각합니다.

으스대기는

목표에 의식을 집중시키면 눈앞의 골짜기가 사야에서 사라집니다.

물론 이 정도의 정신집중을 하려면 스윙에 상당한 자신을 가져야만 합니다. 아무튼 목표를 설정한 뒤 그곳에 의식을 집중하는 방법은 골짜기너머나 연못너머에는 특히 중요한 점입니다.

앗! 토핑이다.

으... 고소하다.

스윙은 임팩트보다 팔로우 스루를 생각하며

목표방향으로 팔을 뻗으라고 하였는데…

오른팔을 목표 방향으로 뻗으면 타구가 오른쪽으로 날아가지 않나요?

공이 푸시아웃되는 경향이 있다는 말이죠?

그런 염려는 알지만 스윙은 등뼈를 중심으로 한 회전운동입니다. 중심축이 있는 한 오른손이 끝까지 앞으로 뻗는건 아닙니다.

오른팔이 다 뻗은후 리스트가 턴 합니다. 리스트가 턴하면 페이스는 엎어집니다.

리스트가 돌아가지 않는 한 푸시아웃은 되고 스윙축이 움직이지 않는 한 자연히 리스트는 턴합니다.

간혹 팔을 뻗으라고 하면 왼팔도 뻗어 목표방향에 클럽헤드를 내밀려고 하는데

NO

이래서는 왼쪽 겨드랑이가 열려 리스트가 턴하지 못하고 공은 오른쪽으로 날아가 버립니다.

오른팔을 뻗기 위해서는 왼쪽 겨드랑이를 조이는 것이 중요합니다.

왼쪽 겨드랑이를 단단히 조여 줌으로써 올바른 리스트 턴이 되는 것이죠.

리스트 턴에 의해 클럽 헤드는 인사이드로 돌아옵니다. 오른팔을 목표 방향으로 뻗고 클럽헤드는 인사이드로 휘두를 수 있는 것입니다

이러한 운동을 지탱해 주는 것이 왼쪽 겨드랑이의 조임인 셈입니다.

이번에는 성공이다!

아무려면 핸디 12인 탁씨가 두 번 실수하겠어요.

역시 거리가 형편없어.

팔로우를 좀 더 크게 하셔야 겠어요.

전 그 팔로우에 대해 이해 안되는 부분이 있어요.

팔로우는 임팩트 후 동작 인데 이미 맞은 공이 팔로우를 크게 한다고 거리가 더날 수 있나요? 공은 날아가고 있는데…

그렇지않아요. 팔로우가 작은 사람은 치기 전에 힘을 다 써버렸기 때문이기도 합니다.

즉 다운스윙의 초기에 힘을 써서 임팩트전에 헤드 최대의 스피드가 나기 때문이죠.

최대 스피드

결국 중요한 임팩트에서는 힘을 잃어 버립니다.

큰 팔로우가 나는것은 임팩트 에서 최대의 파워를 살린 결과입니다.

오히려 임팩트 직후에 최대의 헤드 스피드를 낼 정도로 휘둘러 버리는 편이 낫겠지요

헤드 최대스피드

구체적으로 팔로우를 크게 하는 스윙은 어떻게 합니까?

자세나 다운 스윙의 궤도에 따라 다릅니다.

핸드 다운 즉, 손의 위치를 낮게 자세를 취하면 팔로우는 작아집니다.

또한 핸드업 즉, 손의 위치를 높게 자세를 취하면

큰 팔로우를 하기 쉬워 집니다.

아웃사이드로 휘두르면

팔로우는 작아지며

인사이드로 휘두르면

팔로우는 커집니다.

큰 팔로우를 취하려면 약간 핸드업 자세를 취합니다.

이렇게 약간 선 자세는 자세 자체가 커서 큰 팔로우가 됩니다.

그리고 인사이드로 휘둘러 내립니다.

인사이드인의 스윙이 중요한 것임을 이 점으로도 알 수 있습니다.

팔로우를 크게 하는 최대의 포인트는 머리의 위치입니다.

팔로우가 작은 사람은 다운스윙에서 머리가 목표 방향으로 움직여 버립니다.

다운스윙에서 머리가 왼쪽으로 움직이면 인사이드가 막혀버립니다.

큰 팔로우를 취하기 힘들어집니다.

팔로우를 크게 하기 위해서는 다운스윙에서 머리를 탑의 위치에 멈춰 두어야만 합니다.

다운스윙에서 체중이 왼쪽으로 옮겨짐과 동시에 머리도 왼쪽으로 움직이고 싶어지는데 그것을 참아야 합니다.

그렇게 하면 임팩트에서 머리는 공의 뒤에 남고 원심력의 작용으로 손이 목표방향으로 쭉 뻗습니다.

이 때문에 강렬한 임팩트가 생겨나고 결과적으로 큰 팔로우 스윙이 되는 겁니다.

팔로우가 커지면 타구가 쭉 뻗어 거리가 나는 겁니다.

역시 거리가 안나.

조사장님은 다운스윙에서 임팩트에 걸쳐 몸이 왼쪽으로 움직이기 때문입니다.

그런 샷은 공을 때려주지 못하고 밀어내고 있기 때문입니다.

임팩트존에 들어가면 오른쪽으로부터의 힘을 완전히 받아낼 왼사이드의 팽팽한 힘이 필요합니다.

이런 왼사이드의 팽팽한 받침을 벽이라고 합니다.

왼사이드의 벽이 있어야 몸이 왼쪽으로 흐르지 않고

임팩트에서 공을 튕기는 느낌을 얻게 됩니다.

이 벽을 만들려면 다운스윙에서 왼쪽 넙적다리 안쪽으로 오른쪽으로부터의 힘을 막아냅니다.

다운스윙에 들어가면 체중은 모두 이 곳에 집중 시키는 느낌 입니다.

조사장님은 다운스윙에서 왼쪽 넓적다리의 바깥쪽에 체중이 걸리는 듯 합니다.

이래서는 오른쪽에서의 힘이 왼쪽으로 도망가버려 몸도 움직 입니다

88

치긴 잘쳤는데 아무래도 맞는 힘이 약해.

프로처럼 좀더 힘찬 공을 치고 싶은데요.

비벼서 맞는 공이라서 힘이 없는 겁니다.

아웃사이드 인의 스윙궤도에서 공을 완전히 잡지 못하고 있어요.

좀더 인사이드로 쳐야만 합니다.

왼손은 뻗지만 오른손은 팔꿈치가 옆구리에 딱 붙을 정도로 조입니다.

백스윙에서도 오른쪽 겨드랑이는 단단히 조인채 올립니다.

오른쪽 겨드랑이에 끼운 종이가 스윙 도중에 떨어지지 않을 정도로 조이고 칩니다.

파5홀이군…

멀리
날려야
할텐데

어마!
토핑이야.

박여사께선
스윙때 스웨이가
눈에 띕니다

스웨이?

샷이 안정되지
않은 것은 그
탓입니다.

몸의 축이 그렇게
흔들려서는 공을
똑바로 잡을 수가
없습니다.

스웨이를 방지
하려면 하반신을
안정시켜야 하는데
포인트는 허리
입니다.

허리가 움직이면 하반신도 움직입니다.
백스윙에서는 어드레스에서의 허리위치를
움직이지 않고 같은 위치에서 돌립니다.

같은 위치에서
허리를 돌리면
축은 움직이지
않습니다.

탑오브스윙에서
오른쪽 넓적다리
안쪽에 힘을 느끼게
되면 축이 움직이지
않은 완전한 백스
윙이 된겁니다.

390야드 파4의
내리막홀이군.

드라이브에서
아무리 해도 팔의
턴이 잘 안돼요.

팔의 턴은
비거리를 내는
데도 빼놓을 수
없는 기술이죠

임팩트 순간
턴이 되어야
인서트에 공이
똑바로 맞게
됩니다.

손이 돌아오지 않으면
페이스가 열린채 공이
맞게돼 슬라이스가
나옵니다.

라스트 턴의 비결은 다운
스윙에서 손이 몸에서 먼
곳으로 통과해 내려오면
턴하기가 어려워집니다.

회전운동에서
축을 움직이지
않게 하려면
어딘가 한군데
멈춰 있는 곳이
필요합니다.

다운스윙
때 그곳이
왼쪽무릎
입니다.

백스윙때
오른쪽 가까이 간
왼쪽무릎을 다운
스윙때 어드레스
의 형태로 돌려
주는데

이때 왼쪽
무릎이 열리
지 않도록
해줍니다.

무릎을 어드레스의 형태로
돌려 임팩트후까지 그
모양을 유지합니다.

그러기 위해서는
체중을 왼다리 안쪽으
로 막아내도록 합니다.
그걸 놓치면 무릎은 움
직이기 쉬워집니다.

무릎이 앞을 향하
도록 유지한다.

이 느낌을 얻기 위하여
처음에는 어드레스에서
왼다리를 90도로 닫고
치는 연습을 해
보십시오. 이렇게 치면
체중을 왼다리 안쪽으로
막는 느낌을 받을수
있습니다

왼다리를 90도로
유지하고 친다.

다운스윙에 들어가면 체중을 왼쪽 넓적다리 안쪽에 집중시킨다고 하셨는데…

그래요 그래야 왼사이드에 벽이 생깁니다.

하지만 허리를 계속 회전하고 있잖아요.

회전하면 체중은 자연히 왼쪽넓적다리 바깥쪽으로 옮겨가지 않나요?

그래서 왼쪽 넓적다리 안쪽을 중심으로 허리를 회전시키는 겁니다.

이곳에 체중을 집중시켜 회전시키므로 바깥쪽으로 옮겨지지 않습니다.

과연….

그러면 왼사이드에 벽을 만드는 법을 가르쳐 드리지요.

백스윙은 보통 몸을 비틀고

다운스윙, 임팩트, 팔로우에 걸쳐 왼다리 하나로 칩니다.

이때 체중을 마음껏 왼쪽 다리에 싣는 것이 포인트입니다.

해보면 알겠지만 왼쪽다리 하나로 치면 몸의 왼사이드가 견고해집니다.

이 연습으로 왼사이드의 벽을 만들 수 있습니다.

왼사이드에 벽을 만들면 샷에 펀치력이 증가되는데 슬라이스 방지에도 도움을 줍니다.

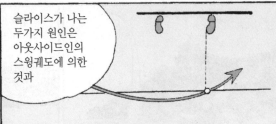

슬라이스가 나는 두가지 원인은 아웃사이드인의 스윙궤도에 의한 것과

임팩트에서 몸이 열리는 것입니다.

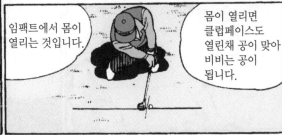

몸이 열리면 클럽페이스도 열린채 공이 맞아 비비는 공이 됩니다.

그래서 이런 연습방법이 있죠.

백스윙에서 왼발뒤꿈치를 올리는데

다운스윙에서 왼발뒤꿈치를 내릴 때 뒤꿈치 방향을 바꿉니다.

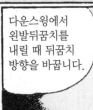

왼쪽으로 비킨다.

발을 들 때는 왼발은 약간 열려 있으나 발을 내릴 때 닫듯이 내리는 겁니다.

왼발을 닫듯이 하여 내리면 다운스윙에서 임팩트 팔로에 걸쳐 왼사이드에 벽을 느낄수 있습니다.

몸이 열리지 않게 되죠.

또한 이러한 다운스윙이라면 임팩트에서 휘두르기 쉬워지므로 슬라이스 방지에도 도움이 됩니다.

다운스윙에서는 몸의 왼사이드를 견고하게 하는 것이 샷의 성패를 좌우합니다. 왼사이드의 벽은 그런 점에서 중요합니다.

또 슬라이스다.

어휴 이놈의 슬라이스가…

초보자 치고 슬라이스에 대한 고민을 안해본 사람은 없을 겁니다.

골프는 백스윙에서 왼허리의 리드로 다운스윙에 들어가는 것이 원칙입니다.

그것을 너무 의식하다 보면 허리나 다리의 리드보다 늦게 팔이 내려오기 쉽습니다.

몸이 지나치게 열린 상태. 즉 몸이 빠진 다음 헤드가 떨어지는 경우가 생깁니다.

이 역시 임팩트에서 헤드가 열려있기 때문에 슬라이스가 나는 것입니다.

하체 리드를 먼저하되 다운스윙에서 임팩트 순간은 어드레스때와 동일한 자세가 되도록 해야 합니다.

지나치게 거리 욕심을 내려는 사람에게 많이 나오는 미스입니다만, 하체 리드가 먼저라고 해서 지나치게 하체를 많이 움직이면 이런 미스샷이 나옵니다.

리스트턴을 잘하려면 절대 헤드 업을 해서는 안된다고 했는데요.

그렇습니다.

머리라고 하지만 몸의 축입니다.

스윙은 회전 운동이므로 축만 움직이지 않으면 자연히 손은 돌아옵니다.

그런데 아마추어들은 다운스윙과 동시에 머리까지 왼쪽으로 움직이기 쉽습니다.

축이 왼쪽으로 움직이면 손은 돌아오기 힘듭니다.

다운스윙에서 축을 움직이지 않는 포인트는 왼쪽 무릎입니다.

왼무릎이 왼쪽으로 열리면 몸이 왼쪽을 향하고 오른쪽 어깨가 엎어져 내려 옵니다.

겨드랑이를 열고 팔을 빨리 뻗어내리면 손은 몸에서 떨어집니다. 이래서는 리스트 턴을 할 수 없습니다.

좀더 오른쪽 팔꿈치를 몸가까이로 지나게 합니다.

오른쪽 팔꿈치가 펴지는 것은 임팩트 존에서 팔로우에 걸쳐서입니다.

이때 왼쪽 팔꿈치를 지면으로 향하면서 왼팔을 접듯이 합니다. 이렇게 하면 오른쪽 팔꿈치가 자연히 펴지고 손이 돌아옵니다.

겨드랑이를 조이고 손을 몸 가까이서 사용하지 않으면 오른쪽 팔꿈치의 움직임과 왼쪽 팔꿈치를 접는 것이 불가능 합니다.

스윙중 머리(축)가 움직이면 역효과로 슬라이스가 심해질 뿐입니다.

아아~
슬라이스다.

조사장님의
슬라이스도 리스트
턴이 없기 때문
입니다.

그래요?

임팩트후
왼쪽 팔꿈치
가 딸려
갑니다.

앞에서 손을
몸가까이에서
사용하라고
했는데

손을 몸 가까이
서 사용하면
양쪽겨드랑이가
조여집니다.

임팩트 존에서
중요한 것은
왼쪽 겨드랑이의
조임입니다.

왼쪽 겨드랑이
가 조여져있으
면 팔꿈치가
딸려 갈수
없습니다.

헤드 스피드를 올리기
위해서는 그립끝을 몸의
중심(배꼽)을 향하는 것
같은 모양으로 손보
다 클럽헤드를 빨리
움직이는 느낌이
중요합니다.

왼쪽 팔꿈치는 항상
밑을 향하도록
해야합니다.

왼쪽겨드랑이
가 조여져있으
면 그것이 가능
합니다.

손보다 클럽헤드를
빨리 움직이게 하는
느낌은 임팩트존에서
오른팔이 펴지고 왼쪽
팔꿈치를 밑으로 향해
접을 수 있습니다.
그 결과 깨끗한
리스트 턴이 가능해
집니다.

리스트 턴에서 주위할 점은 머리를 움직이지 않는다고 전혀 움직이지 않으면 백스윙이 거북해 집니다.

또한 왼쪽 어깨가 떨어 지기 쉬워 집니다.

백스윙에서 머리는 다소 옆으로 움직여 집니다.

조금 오른 쪽으로 목을 비틀듯이하 면 어깨를 수평으로 돌리기 쉬워 집니다.

머리가 움직이면 안되는 것은 다운스윙때 부터입니 다.

다운스윙에서는 체중이 왼쪽 다리로 이동하여 몸도 왼쪽으로 움직이려 하니다

그러나 여기에 서 머리를 움직 이지 않음으로 써 몸의 축이 흔들리는 것을 막 을 수 있습니다

이때 머리가 움직이지 않으면 그립끝은 배꼽을 향하고

왼쪽겨드랑이도 조여지며 왼쪽 팔꿈치를 아래로 향하여 접을 수가 있습니다.

다운스윙에서는 오히려 머리를 오른쪽으로 당기 는 것이 좋습 니다

그 정도에서 머리가 멈추는 겁니다.

이처럼 리스트 턴이란 몸의 각부분의 연동으로 가능해 집니다.

머리, 팔꿈치, 몸의 회전 그리고 무릎입니다. 다른 부문은 소홀히 하고 손만을 돌리려고 해도 미스만 날뿐입니다.

리스트 턴은 비거리 또는 방향에서도 매우 중요합니다. 이것을 익히면 골프도 한층 늘어 즐거워집니다.

리스트 턴에 대해 설명하다보면 결국 인사이드 아웃의 스윙궤도, 헤드업, 흐르는 몸의 끊김 등 대개 골프의 기본 이론과 상통함을 알수 있습니다.

그만큼 골프는 단순 동작입니다.

정지된 볼을 클럽을 들어 올려서 맞혀주는 동작일 뿐이죠.

행위는 그렇게 단순하면서 치는 사람에 따라 공은 천차만별로 달라지기 때문에 이론이 많은 것입니다.

그래요… 너무너무 복잡하고 까다롭고.

골프에서 꽤 까다로운 이론이 자기에게 옳은 느낌으로 와닿지 않는다고 그냥 흘려들어서는 안됩니다.

왜냐하면 그러다 어느 날 어느 순간 '아! 바로 이런 느낌을 말하는구나' 하고 통렬하게 가슴에 와 닿을 때가 있습니다.

그때의 즐거움도 골프에 빼놓을수 없는 매력입니다.

그러게 조사장님도 저런 이론은 고급자용이니 나와 상관없다고 학습을 게을리 마세요.

또 날 건드리는거야?

저 두 사람의 옥신각신 다투는 모습을 보는것도 같이 라운딩하는 즐거움에 든다니까요.호호

제 경우는 드라이브샷때 경쾌하게 맞는 소리가 나지 않거든요. 물론 손에 오는 감촉도 울림이 오면서 나쁜데…

어디 조사장님 드라이버를 좀 보여주세요.

?

보세요. 페이스 안쪽과 위쪽으로 대부분 볼이 맞는 자국이 나는군요.

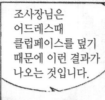

조사장님은 어드레스때 클럽페이스를 덮기 때문에 이런 결과가 나오는 것입니다.

✕

평소 슬라이스가 많이 나오는 사람이 자꾸 클럽페이스를 덮게 되는데, 그럴수록 슬라이스는 더 많이 발생합니다.

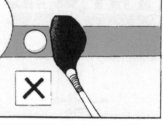

그리고 클럽페이스를 덮기 때문에 공에 맞는 면은 항상 위쪽에 맞게 되고 정타가 되지 못해서 감촉도 나쁘고 거리도 나지 않는 것입니다.

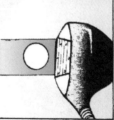

때문에 어드레스때 클럽을 생긴대로 놓습니다. 이럴 때 위에서 보면 클럽페이스가 약간 열린듯한 느낌을 주는데 그것이 정확한 어드레스입니다.

그랬을 때 공은 클럽페이스 중앙에 맞으며 정타였을 때 만족할만한 거리를 얻을 수 있습니다. 맞는 소리 또한 경쾌합니다.

따닥

99

드라이브샷 때 모든 골퍼는 거리를 염두에 두게 됩니다.

거리를 내기 위해 저는 수많은 주문과 요령을 말해왔습니다.

스윙궤도, 임팩트 요령, 리스트 턴, 끊어 치는 법 등…

그러나 여러분께 꼭 주문하고 싶은 것은 앞서 말한 모든 것보다 정확하게 공을 잡으라고 말 하고 싶습니다

특히 드라이버는 가장 긴 클럽이기 때문에 정확하게 공을 맞혀주는게 의외로 어렵습니다.

거리를 얻기 위해 꼭 필요한 것 한가지만 말하라고 한다면 클럽페이스에 정확하게 맞혀주라는 것입니다.

힘껏 치고 정타를 치지 못했을 때보다 약하게 치고 정타를 쳤을 때 거리가 더나는 법입니다.

힘에 관한 한 제가 탁형보다 약할 것입니다. 그러나 절대 거리에서 탁형에게 지지는 않을 것입니다.

그것은 바로 공을 정확하게 잡는다면, 얻을 수 있는 거리는 다 얻을 수 있다는 것이지요.

거 묘하게 사람 구격놓고 있네.

드라이브샷에서 똑바로 멀리 날려보내는건 모든 골퍼의 소망입니다.

그리고 똑바로 날아가는 공은 대개 멀리 날게 되어 있습니다.

똑바로 나는 공은 클럽페이스에 똑바로 맞은 결과입니다.

똑바로 공을 날려보내기 위해서는, 라운드 도중 날아가는 구질로부터 샷을 배워가야 합니다.

날아가는 구질?

라운드 도중 공이 슬라이스나 훅이 났을 때

훌륭한 골퍼는 즉각 그 원인을 찾아내어 대처를 해야합니다.

그렇지않고 라운드 내내 까닭모를 실타만 치다가 끝나는 경우가 많습니다.

혹은 어떨 때 나오며 슬라이스는 어떨 때 나오는가?

임팩트 순간 클럽페이스에 공이 맞는 순간부터 스윙궤도 전체를 짚어가면서 대처해야 합니다.

때문에 골프는 잘 맞았을 때의 감을 유지하는 것도 중요하지만 잘못 날아가는 공에 대한 분석이 더욱 중요한 법입니다. 잘못친 타구도 머릿속에 간직해 두는 것은 샷을 교정하는데 필요한 부분이기 때문입니다.

잘 맞았는데

사장님 샷으론 정말 샷다운 샷을 했습니다. 방향도 좋고

칭찬인지 모욕인지 모르겠구만…

잘맞아 나간 타구가 180m도 채 안되게 나갔으니

거리를 욕심낼 수록 드라이브샷은 힘을 빼야 합니다.

사장님 그립잡은 손을 좀 볼까요

?

왼손 손가락이 하얗게 되도록 그립에 너무 힘을 주고 있습니다.

장타를 의식 할 수록 사람들은 힘이 들어가게 마련입니다.

거리에는 여러 가지 원인이 있지만 그립을 어떻게 잡느냐에 따라 거리에 크게 차이가 납니다.

드라이브는 힘으로 치는 것이 아니라 궤도로 친다고 했습니다.

그립을 부드럽게 잡고 릴렉스한 리듬으로 큰 스윙을 가져가 보세요

어이쿠~ 또 이런 공이네

드라이브 샷때 공이 뜨질 않고 낮게 슬라이스 성으로 날아가는데

임팩트 순간 몸이 열려있어서 그렇습니다.

임팩트 순간 거리를 의식해서 지나치게 힘을 줍니다.

이때 어깨가 오픈이 됩니다.

몸이 돌아선 상태에서 헤드가 내려오기 때문에 열려 맞는 현상이 생기죠.

이 경우 클립헤드는 내려오면서 임팩트를 맞게 되는데

그러기 위해서는 왼쪽을 튼튼히 해서 왼쪽 어깨가 오픈되지 않는 상태에서 임팩트를 맞이해야 합니다.

드라이브의 임팩트는 공을 히트한 다음에 이루어져 최대의 스피드가 나오게 해야 한다고 했습니다.

최대의 스피드

힘껏 한다고 움찔하면서 공을 치게되면 어깨도 오픈되며 돌아서서 치는 결과가 나옵니다.

저는 특히 드라이브 샷 때 팔로우와 피니시를 예쁘게 가져가고 싶은데 그게 잘 안돼요.

치고난 다음 한참 동안 이런 자세로 있고 싶은데 금세 자세가 무너지 거든요.

그래요. 피니시가 예쁘면 좋은 스윙을 했다는 결과입니다.

그래서 어드레스땐 항상 피니시를 생각하고 치라고 주문을 합니다.

그러나 빈스윙때는 잘되던 피니시가 공을 직접 때리는 순간에 무너지게 됩니다.

체중이동이 제대로 안돼서 뒤로 쏠린다거나 하는 현상입니다.

모두가 지나치게 임팩트를 의식한 탓입니다.

특히 드라이브는 임팩트가 없는 듯 스윙궤도로 치라고 말했습니다.

흔히 드라이버샷은 힘을 뺄수록 멀리 나간다고 말들 합니다. 지나치게 임팩트를 해서 자세가 무너지지 않고, 부드럽고 완벽한 스윙태도를 만들어줌으로써 많은 거리를 얻기 때문입니다.

드라이브 샷 때 피니시가 예쁘게 이루어지지 않는 경우에는 체중이동을 제대로 하지 못했을 때도 나타납니다.

백스윙 때 오른발에 걸친 체중을

피니시때 왼발에 걸쳐주는 것이 체중이동의 기본입니다.

그러나 이상하게 공을 놓고 칠 경우 그 간단한 체중 이동이 잘 안되는 경우가 많습니다.

이럴 때에는 스탠스폭을 종진보다 좁게 서보라고 권하고 싶습니다.

스탠스폭을 좁게 서주면 허리회전이 쉬워 집니다.

허리회전이 쉬워 진다는 것은 체중 이동도 쉬워진다는 뜻입니다.

스탠스가 넓으면 허리회전이 완벽하지 않아서 체중이동도 잘되지 않는 경우가 많습니다. 스탠스를 좁게 서서 연습을 해 봅니다.

드라이버샷 때 거리를 얻는 방법으로 훅이 약간 걸리는 볼을 치라고들 합니다.

즉, 오버스핀이 걸려 런이 많이 발생하기 때문입니다.

그러나 바람이 부는 날은 무작정 그런 공을 시도하다가 망치는 경우가 종종 있습니다.

가령 오른쪽에서 왼쪽으로 강한 바람이 부는데도 훅성 볼을 쳤을 때, 엄청난 영향을 받아 러프로 들어가는 경우가 있습니다.

반면 슬라이스가 자꾸 발생하는 사람은 오른쪽으로 부는 바람일 때 신경을 써야만 합니다.

누구나 그 정도쯤은 생각할 수 있는 상황입니다만, 바람을 이겨내기 위해 의도적으로 훅이나 슬라이스 공을 구사하려다 그 반대의 공이 나와 망치는 수가 많습니다.

골프란 묘하게도 오른쪽으로 보내려 하면 왼쪽으로, 왼쪽으로 보내려 하면 오른쪽으로 날아가 버리곤 합니다.

때문에 바람이 부는 날은 가급적 바람을 이기려 하지 말고 바람의 영향을 덜 받는지면, 즉 낮은 공으로 공략해 가는 것이 현명한 일입니다.

이번 홀은 매우 좁은 홀이군요.

이렇게 좁은 홀에서는 거리보다 방향이 중요하다는 것을 누구나 다 알고 계실겁니다.

그러니 어떻게 쳐야 방향성을 좋게하는가가 문제겠죠.

이럴 때 저는 훅 볼을 치지않고 그반대의 페이드샷을 시도합니다.

페이드샷은 공이 떨어져서 많이 구르지 않습니다.

드라이브 공략이 쉽지 않겠어.

페이드 샷은 무엇보다도 팔동작이 중요합니다.

백스윙에서는 손목을 거의 쓰지않고, 양팔을 이용하여 완만하고 흔들림없이 해내야 합니다.

임팩트 때는 몸의 왼쪽을 고정시키고 오른손만으로 곧장 밀어 타구합니다.

이때 오른손이 왼손보다 앞에 나오거나 왼손위로 넘어가서는 안됩니다.

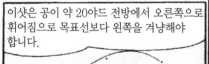

팔로우는 높고 업라이트하게 되어야 합니다. 페이드 볼은 실타가 나왔을 때 그 오차를 많이 줄여주기 때문에 안전하게 홀을 공략할 수 있습니다. 물론 비거리는 기대하지 말아야 합니다.

이샷은 공이 약 20야드 전방에서 오른쪽으로 휘어짐으로 목표선보다 왼쪽을 겨냥해야 합니다.

좁은 홀에서의 티샷을 꼭 드라이브로 해야 할 필요는 없습니다.

이럴 때 대개 우드 3번이나 4번을 선택하는데

저는 아이언 1번이나 2번을 권하고 싶습니다.

투어 경기를 하는 프로선수들의 경우 1번이나 2번 아이언을 자주 활용하는 것을 볼 수 있습니다.

1번 아이언은 4번 우드의 비거리를 얻을 수 있으며 정확성과 제어력도 기대할 수 있기 때문입니다.

또한 요즘같은 바람이 많은 날, 샷을 할 때는 로프트가 낮아 그 활용도가 높기 때문입니다.

이상과 같은 1번이나 2번 아이언샷을 시도할 때는 팔만을 사용치 않는 큰 스윙으로 샷을 해야함을 잊어서는 안됩니다. 자신있는 풀스윙을 해야 롱아이언은 성공합니다.

다만 3번 아이언을 기피하는 아마추어 골퍼가 많은데, 그런 분에게는 굳이 권하지 않겠습니다. 특히 타이트한 라이에 놓인 공일 때는 금물입니다. 어쨌든 모든 골퍼는 14개의 클럽을 모두 사용할 수 있기 때문입니다.

멋지게
드라이브를
날려봐야지!

어머! 하늘 높이
치솟는 스카잉
볼이야.

전 가끔 드라이브
샷에서 이런 볼이
나오는데 원인은
뭐지요?

스카잉 볼은 정도가
좋은 더프볼입니다.
뒤땅이 나기 직전의
볼이라고 보면
되겠죠.

근본적으로
클럽헤드 페이스의
윗부분에 공이
맞는 결과입니다.

반면 슬라이스가 자꾸
발생하는 사람은 오른
쪽으로 부는 바람일 때
신경을 써야만 합니다.

골프란 항상 양면성을
내포하고 있어서 탑핑을
염려해서 티를 높게
했다든지 헤드를 너무
낮게 가져갔을 때
나타납니다.

티업의 높이는
클럽페이스의
한가운데 높이에
맞혀주는 것이
좋습니다.

드라이브샷에서 어느 정도 공이 떠야만 비거리를 얻을 수 있는데 너무 낮게만 날아가서 고민일 경우가 있습니다.

클럽 헤드가 떨어지면서 맞는 다거나

스윙 때 몸의 회전이 크지 않고 팔로만 칠 때도 공은 잘 뜨지 않습니다.

이럴 때 공을 띄우고 싶다면 백스윙시 어깨가 턱 밑으로 오게끔 회전시킵니다.

그리고 스윙 도중 양팔을 뻗어줍니다.

다시 말해 임팩트에서 팔로우까지 양팔을 뻗어 몸에서 멀리 떨어지게 한다는 느낌입니다.

어머머….

잠깐, 그대로 계셔 보세요.

?

임팩트 후 그렇게 그립을 놓아서는 좋은 샷이 나올 수 없습니다.

!

흔히들 초보자들에게 그립 잡는 법을 가르칠 때 살아있는 새를 잡듯이 가볍게 잡아주라고 가르칩니다.

물론 옳은 그립입니다.

그렇다고 스윙 내내 그렇게 가볍게 그립을 잡게 되면 백스윙시 클럽에 대한 제어력이 떨어져서 클럽헤드가 제멋대로 춤추듯 놀게 됩니다.

그립은 어느정도 단단하게 잡아주어야 합니다.

특히 콕킹의 감을 아는 분들은 더욱 그러 합니다.

부드럽게 잡아주란다고 자기 클럽에 대한 제어력마저 없어질 정도라면 치명적인 실수를 범합니다.

콕킹과 임팩트 때 일시에 그 콕킹을 풀어줄줄 아는 분들이라면 그립은 단단히 잡는 것이 좋습니다.

111

드라이버 티샷에서 체중 이동이 잘 안된다거나 허리와 몸통, 팔의 동작이 리듬있게 일체감을 이루지 못해 미스샷을 하는 경우는 이유가 많겠지만

그 중에서 지나치게 어드레스, 테이크 백 코킹 등 여러 가지를 복잡하게 생각하고 스윙하는 데서도 나타납니다.

때문에 백스윙은 일관성있고 단순하게 가져가라고 주문하고 싶습니다.

즉 준비자세 때 몸무게를 미리 오른쪽으로 옮겨 70퍼센트를 실어줍니다.

머리는 충분히 볼의 뒤쪽 멀리 위치시켜 둡니다.

70

50

이 자세에서 그냥 가슴을 털어, 주면서 양손과 클럽을 오른쪽 어깨 위로 가져갑니다.

이처럼 단순하게 백스윙을 가져간다면 탑에서 자연스레 체중이 오른쪽에 실려 있게 됩니다.

물론 어드레스시 몸무게를 양팔에 고르게 분산시켜서 백스윙과 동시에 체중을 오른쪽으로 실어주는 것이 좋겠습니다만, 이 점을 동시에 팔동작과 이루기가 어려울 때 이 방법을 사용해 보시기 바랍니다.

거리를 내기
위해선 백스윙을
크게 해서

그렇게
백스윙을 크게
한다고 팔만
번쩍 들어
올려서는
곤란합니다.

그렇게 해서는
힘의 정확성을
잃고 맙니다.

거리를 내기 위해선
백스윙을 크게 하는
것이 꼭 필요한
일입니다.

이럴 때 유연성이
부족한 분들은 우선
스탠스에서 오른발을
좀더 오른쪽으로
벌려 섭니다.

그리고 팔을 든다는
느낌이 아니라 등을
목표방향으로 틀어
준다는 느낌으로
틀어봅니다.

몸통 돌리기가
훨씬 쉬워지고
많이 돌아감을
알 수 있을
것입니다.

드라이버가 가벼운 재질의 등장으로 큰 헤드의 클럽이 홍수를 이루고 있습니다.

그럼 이 큰 헤드의 클럽은 어떤 특성이 있을까요.

무엇이든 큰것은 좋은 것…

많은 세계의 유명 골퍼들은 대형 헤드가 꼭 거리를 증대시키지는 않는다고 말합니다.

다만 실수의 정도를 줄여주며

일정한 스위트 포인트를 갖고 있지 못한 플레이어들에게는 효과가 크다고 말합니다.

헤드가 큰 만큼 중심을 벗어난 타격이 나와도 샷이 꽤 멀리 날아가기 때문입니다.

그러나 역시 대형 헤드는 스윙 도중 공기의 저항을 많이 받아 헤드 스피드가 줄어들기 때문에 그점을 명심해야 할 것입니다.

그리고 대형 헤드의 드라이버샷에서는 티를 높게 해주는 것이 원칙입니다. 그래야 볼의 한 가운데를 대형 헤드의 윗부분에 맞혀 줄 수 있기 때문입니다.

대형 헤드와 함께 44인치, 45인치 긴 샤프트 클럽도 쏟아져 나오고 있습니다.

음...
긴 것은 무엇이건 좋은거지

물론 샤프트의 길이가 길면 잠재적으로 스윙궤도를 보다 크게 가져갈 수 있어서

거리가 더 나가는 것은 사실입니다.

그러나 샤프트가 길어질수록 제어력을 잃기 쉽습니다.

타격 순간 클럽을 빨리 이동시킬 수 없게 되어 오히려 멀리 날릴 수 없게 되며

손과 눈의 뛰어난 조화가 확보되지 않으면 스윙의 타이밍을 맞출 수 없게 됩니다.

또한 타격을 해야하는 시점에서 클럽헤드가 뒤쪽으로 너무 멀리 놓이게 되는 경향이 있기 때문에 손과 팔을 너무 늦게 풀어놓는 유형의 골퍼들은 사용하기 어렵습니다.

대형 클럽을 사용해야 할 때의 어드레스는 자연스럽게 볼로부터 멀리 서게 됩니다.

클럽이 길다고 너무 멀리 서서 지나치게 볼과 멀리 떨어질 필요는 없습니다.

클럽이 길다고 팔을 세우지 말고 그냥 자연스럽게 팔을 늘어뜨립니다.

또한 스탠스를 충분히 넓혀서 섭니다.

스윙 궤도가 크기 때문에 중심을 잡기가 그만큼 어렵기 때문입니다.

그리고 등을 펴서 몸을 충분히 펴줍니다. 그래야 스윙이 편안해집니다.

그리고 몸 중심을 좀더 오른쪽으로 배분해주면서 쓸어서 올려치듯 히팅할 수 있는 자세를 만들어 줍니다.

그리고 초보자일수록 긴 클럽일 때 로프트가 평소보다 높은 클럽을 사용하는 것이 좋습니다.

프로선수들은 흔히들 드라이버는 구경거리를 제공하지만 상금은 퍼트가 가져온다고 말을 합니다.

이 말을 들으면 자칫 드라이브샷은 중요하지 않다고 들릴 수도 있습니다.

그러나 생각해 보세요. 드라이브샷이어떠했느냐에 따라 홀의 나머지 플레이가 완전히 달라집니다.

드라이브를 멀리 정확히 날릴 수 있다면 홀의 공략은 그만큼 쉬워지고 한단계 높은 골프를 구사할 수 있습니다.

드라이버 사용기술이 뛰어난 사람은 다음의 네가지 부분이 돋보이는 것을 알 수 있습니다.

즉 스윙 원호의 폭, 힘의 제어, 뻗어주기 동작, 균형감각이 그것입니다.

스윙 원호의 폭이 가능한 커야 하며 힘을 줄 때와 뺄 때를 조절하는 힘의 제어,

임팩트 후에도 클럽 헤드가 목표방향으로 흐를 수 있는 뻗어주기, 피니시를 완벽하게 만들어주는 균형유지는 그래서 중요합니다.

이를 위한 연습법을 같이 연구해 보도록 하겠습니다.

저·저런…
또 슬라이드야

조사장님은
체중이동이 역시
잘안되고 있어요.

체중이동이 안되면
거리도 나지 않고
슬라이스도 자주
발생합니다.

난 체중
이동이 영원한
숙제예요.

체중이동은 상체가
앞으로 쏠리면서
흐트러지는것입니다.

볼을 뒤에서
히팅하는
습관을 기르면
자연히 체중
이동도 쉬워
집니다.

이런 연습을 해서
볼을 뒤에서
히팅하는 연습을
해보세요.

우선
오른발을 앞에
왼발을 뒤로
서보세요.

그리고
하프스윙으로
볼을 히팅해
보세요.
백스윙때
체중이
오른발에
걸치는 느낌이
오며

다운스윙시
왼발에 체중이
걸리는 것을 알
수 있습니다.

드라이버샷 때 바른 스윙 궤도를 유지하기 위한 노력은 젊어서나 나이가 들어서나 마찬가지입니다.

특히 몸이 굳은 장년층 골퍼라면 보다 요령있게 힘을 싣는 방법을 터득해야 할 것입니다.

우선어드레스때부터 오른쪽 바지 중심선 안쪽에 힘을 실어 주는 일입니다.

이것은 백스윙 동안 몸이 흔들릴 위험이 있는 키 큰 사람에겐 더욱 중요합니다.

손목을 들며 하는 테이크 어웨이보다 클럽헤드를 똑바로 뒤로 합니다.

볼로부터 몸쪽 안으로가 아니라 볼 뒤쪽으로 바로 빼줍니다.

최대회전을 위하여 엉덩이를 틀어줍니다. 그러나 중심은 여전히 오른쪽 다리 안쪽에 걸리게 합니다.

탑 동작 때 클럽 페이스가 가급적 직각에 가깝게 해주며

양손은 지나친 거리 욕심으로 너무 높이 처들지 않고 몸통을 돌려주도록 해서 백스윙을 마칩니다.

앞서 드라이버 샷에서 장년층이 지켜야할 백스윙 자세를 말씀 드렸습니다.

다운스윙 역시 부드러운 젊은이와는 다른 체중이동과 몸놀림이 요합니다.

타격 순간에는 오른쪽 어깨가 많이 내려오지 않는 수평상태를 이룬다.

몸이 역 'C' 자처럼 많이 휘어질 수 없으므로 엉덩이를 좀 더 빨리 돌려 줍니다.

다운 스윙 리드때 하체의 중심으로 볼이 놓이도록 위치를 잡아 줍니다.

골프는 볼을 때리는 것이 아니라 통과하여 나가는 것입니다. 오른손을 가급적 뻗어 주고 머리를 볼 뒤쪽에 그대로 위치하며 왼쪽 발목이 뒤틀리지 않게 중심을 잡습니다.

피니시는 지나치게 등이 휘도록 젖힐 수 없습니다. 그냥 똑바로 펴서 균형을 잡아 줍니다.

애써 몸을 휘지 않고도 깨끗한 마무리를 이룰 수 있습니다.

공을 똑바로 날려 보내기 위해서 인사이드 아웃의 스윙궤도를 갖도록 말씀드렸습니다.

그러나 억지로 팔과 손의 동작만을 그렇게 만들어 주려고들 애를 씁니다.

공을 맞히는 것은 손과 팔이 아니라 클럽궤도라는 것을 잊어서는 안됩니다.

때문에 클럽헤드가 어떤 식으로 공에 임팩트되어야 하는가를 마음속에 그려보시기 바랍니다.

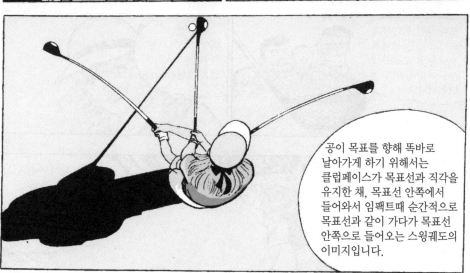

공이 목표를 향해 똑바로 날아가게 하기 위해서는 클럽페이스가 목표선과 직각을 유지한 채, 목표선 안쪽에서 들어와서 임팩트때 순간적으로 목표선과 같이 가다가 목표선 안쪽으로 들어오는 스윙궤도의 이미지입니다.

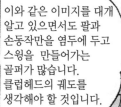

이와 같은 이미지를 대개 알고 있으면서도 팔과 손동작만을 염두에 두고 스윙을 만들어가는 골퍼가 많습니다. 클럽헤드의 궤도를 생각해야 할 것입니다.

요즈음 장비시장엔 현란할 만큼 다양한 재질의 제품이 골퍼들의 관심을 모으고 있습니다.

특히 눈길을 끄는 것은 재질의 첨단화로 드라이버의 헤드가 크고 샤프트의 길이가 긴 대형 클럽의 등장입니다.

신제품이 나왔다하면 사고보는 신형신드롬에 걸린 골퍼를 제외하더라도

보다 멀리 정확하게 보내고 싶은 골퍼의 욕망은 끝이 없기에 누구나 관심을 갖게 마련입니다.

그럼 과연 대형클럽은 어떤 특성을 가지고 있는 것일까요.

대형 제품의 찬·반론을 살펴보고 과연 내 특성에 맞는 클럽인가를 결정지은 뒤 선택하는 것이 옳을줄 압니다.

거금을 들여 마련한 클럽을 처리못해 속태우는 골퍼를 여러분들은 흔히 보아왔을 테니까요.

대형 클럽의 스윙은 자연히 평탄하게 가져가게 되어 있습니다.

단 1인치라도 클럽이 길 때는 볼로부터 멀리 서게 되고 스윙은 몸 주위를 좀 더 폭넓게 흐르게 되기 때문입니다.

때문에 대형클럽은 설계 자체가 거리를 늘릴 수 있게 되어 있는 것입니다.

그러나 이것을 잊고 돈을 투자한 만큼의 거리를 확인하고자 강하게 휘두르는 골퍼가 많습니다.

긴 클럽은 더욱 더 천천히 시작하고 마무리 하여야 합니다.

여유있는 스윙이 생명입니다. 단지 스윙아크만 크게 가져 갑니다.

그리고 하체를 적절히 이용해야 합니다. 긴 클럽은 손과 팔에 좀더 하중을 주기 때문에 하체 이용을 적절히 해야 합니다.

처음부터 균형유지와 체중이동에 신경을 써서 스윙하되, 클럽이 볼을 때리는 시간이 더 길어질 수 있도록 해주어야 합니다.

팔로우때 몸무게와 왼발 바깥쪽이 마무리되고 있다는 느낌을 가질 수 있도록 열심히 연습할 필요가 있습니다.

123

제4장
아이언 샷

140야드의
파3홀이로군.

연못이
신경쓰이네.

어이쿠... 아예
오른쪽으로 자리잡고
날아가는구나.

임팩트가
이상해서 몸이
열렸나?

클럽페이스가
열려있었어요.

페이스가
열리다니요?

아마추어는 일반적
으로 페이스를
열고 자세를 취하는
나쁜 버릇이 많은데
그래가지고는
거리와 방향을
로프트대로 얻기
힘들죠.

아이언 샷의 자세는 공이 드라이버
때보다 약간 안쪽으로 들어오니까
손이 클럽헤드보다 앞에 나오는
'핸드퍼스트'의 자세가 됩니다.

그러나 겉보기는
엎어버린 것 같지만
바른 로프트입니다.

그런 상태로 페이스를 목표에
바르게 맞춥니다. 그래야
비거리와 방향성을 얻을수
있어요.

이런 자세때는
페이스가 엎어
지는 느낌이
들어 열어버리는
모양입니다.

아니?
뭐라고요?

?

히히/...

내가 몸을
열었다구요?

언제 몸이랬소.
클럽얼굴이랬지.

낄
낄

150야드 파3홀… 연못이 신경쓰인다.

우왓! 뒤땅이다!

스윙이 빠른 것 같아요. 목욕하러 들어가네.

티업한 장소가 나빴어요.

장소?

자세히 보면 티를 꽂은 장소 뒤가 올라와 있었어요. 이래가지고는 뒤땅이 당연하죠. 또 볼에 잘 맞았다고 해도 아웃사이드인의 스윙이 돼 슬라이스가 나기 쉽죠.

티업할 장소는 신중히 택합니다.

장소에 따라 아무리 좋은 스윙을 해도 미스샷이 되는 수가 많습니다.

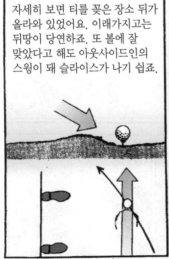

맞아… 여자에게 프로포즈 할 때에도 무드있고 분위기 있는 장소를 택해야…

파3홀···
이번엔 내
차례다.

핀에 붙어라.
버디를 기록할
수 있는 찬스다.

왓! 사정없이
뜨는구나.

볼이 너무 떠서
거리도 짧아졌어.

아이언으로
티플레이할 때 저런
경우가 흔히 나오는
겁니다.

티가 지나치게 높아서 떠올리는
샷이 되니까 페이스의 상부에
볼이 맞아 뜨는 볼이 되는 거죠.

아이언의 티업은 공이 연못위에
얹혀있다는 기분으로 샷을
가져가야 해요. 그래야 위에서 공을
히트할 수 있어 로프트대로 탄도를
얻을 수가 있죠.

대개 핸디가 많은
사람들이 티를 높게
하는 경향이 많아요.

내 핸디가 많다는 거야
뭐야··· 기죽이네···
거참···

하긴 순전히 뽐내기
위해 낮춘 핸디일
뿐이지만···

그린까지 110야드. 9번으로 될까?

역시 조금 짧아. 8번으로 칠걸 그랬어.

9번으로는 짧고 8번으로는 길것같다. 이런 경우는 종종 있어요.

그럴 땐 어떡하죠?

그럴 땐 9번 아이언을 가지고 공의 위치를 평소보다 안에 넣어 자세를 취합니다.

손의 위치는 평소와 같이 왼쪽 넓적다리 안쪽이니까 핸드 퍼스트가 꽉 조여집니다.

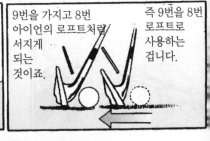

9번을 가지고 8번 아이언의 로프트처럼 서지게 되는 것이죠.

즉 9번을 8번 로프트로 사용하는 겁니다.

이렇게 함으로서 낮은 탄도의 공이 나와 런이 많아져서 9번과 8번의 중간 거리를 얻을 수 있게 됩니다.

이런 미묘한 거리의 공을 칠 수 있게되면 골프가 재미있어 집니다.

그렇것 없이 아이언클럽을 더 잘게 나눠서 9개 세트를 16개 세트로 하면 될것이냐… 8, 9번 중간것 하나… 7, 8번 중간것 하나…

그많은 클럽을 들고 다니려면…안돼! 그건 중노동이야!

130

그저 나는 저놈의 슬라이스 때문에 망한다니까.

조사장님은 다운스윙때 어깨가 엎어져 내려와요.

드라이브샷에서도 이 결점이 눈에 띄었는데.

이래서는 아웃사이드인이 되어 커트타법이 됩니다.

이것을 고치려면 다운스윙에서 팔로우에 걸쳐 오른쪽 어깨가 턱밑을 지날 때까지 머리를 들지 않도록 하는 것이죠.

머리를 빨리 들면 몸의 왼쪽 사이드의 열림이 빨라져 오른쪽 어깨가 엎어집니다.

임팩트후까지 머리가 올라가는 것을 참으면 인사이드인의 스윙궤도가 되어 슬라이스도 고쳐집니다.

그저 나는 죽을 죄인입니다 하고 머리를 처박고 있으라 그겁니다. 헤헤…

185야드
파3홀이군… 3번
아이언이면 되겠어.

어때요? 3번같은
롱아이언도 다른
아이언처럼 다운
블로우로 쳐야
합니까?

그래요.

롱아이언도 다른
아이언과 같이 쳐
넣고서 빼지 않으면
공은 올라가지 않고
거리도 충분히
나오지 않아요.

롱아이언을
능숙하게
치려면 파워가
필요합니다.

그러나 티업하게
되면 더 편안히
칠수 있습니다.

무리하게 쳐
넣으려고 하지
않아도 됩니다.

드라이브를 치는
스윙과 같은
것으로 족해요.

물론
떠올리는
듯한
타격법으로
는 안됩니다.

나이스 샷!

더덕

버디찬스 맞죠?
야…홀인원이 아깝다.
에이…아직 난 멀었어.
더 정진 해야돼.

어이구… 하나
잘치면 꼭 저렇게
속 없이
으스댄다니까.

딱악

또 오른쪽으로 밀어쳤다.

오늘은 계속이래.

탁씨는 팔로우에서 클럽헤드를 목표에서 똑바로 내리려고 해서 그래요.

임팩트후 클럽헤드는 인사이드로 빠져야 해요.

그렇다고 왼쪽팔꿈치를 끌어 당겨서는 안됩니다.

NO

왼팔꿈치를 끌어 당기면 아웃사이드인의 궤도가 돼 버리죠.

팔로우에서 인사이드로 휘둘러 빠지는 포인트는 양팔꿈치의 움직임입니다.

임팩트 이후는 오른쪽 팔꿈치가 왼쪽 팔꿈치의 위가 되어 선회됩니다.

어드레스때는 오른쪽팔꿈치는 왼쪽팔꿈치보다 아래로 하여 자세를 취하지만

임팩트후에는 이 위치가 바뀝니다.

왼쪽팔꿈치보다 오른쪽팔꿈치가 위가 되었을 때 인사이드인의 날카로운 샷이 됩니다.

요놈의 팔꿈치가 골칫거리가 될줄이야.

심하면 엘보가 오지않나?

스윙궤도는 인체의 기하학적으로 움직여줘야 바른 방향을 얻을 수 있기 때문이죠.

133

어찌된게 나는 아이언이 똑바로 날아가지 않아.

백스윙을 체크해보면 돼요.

조사장님은 백스윙 때 클럽페이스를 열어올리고 있어요

아이언은 페이스를 닫아서 올라 갑니다.

페이스를 공을 향한채 올립다 이렇게 하면 스윙 궤도는 높아지죠. 아이언 백스윙은 페이스를 닫고 높이 올리는게 포인트입니다.

 힘있는 공을 치려면 인사이드를 쳐야만 한다고 했죠?

예.

 그러기 위해서는 오른손 사용방법을 기억해둬야만 합니다.

오른손? 오른손은 가능한한 사용치 말라고 들었는데….

 스윙을 리드하는 건 왼손입니다만 역시 주로 잘 쓰는 오른손을 쓰지 않으면 강한 공을 칠 수 없습니다.

 어드레스에서 오른팔을 조이고 오른쪽 팔꿈치가 옆구리에 붙을 정도로 오른쪽 겨드랑이를 조인 자세에서

오른쪽 어깨가 떨어지지 않도록 주의해야 합니다

 백스윙에서 클럽을 올려가는 것은 왼손인데

이때 오른손은 오른쪽 팔꿈치를 꺾듯이 하여 올려갑니다.

 즉 오른쪽 팔꿈치를 지점으로 하여 지레처럼 올렸다 내립니다.

 다운 스윙에서는 이렇게 꺾어진 오른쪽 팔꿈치를 원 상태로 되돌릴 뿐입니다.

오른손의 사용방법에 따라 오른쪽 겨드랑이가 조여져 인사이드로 쳐 힘있는 공이 되는 것입니다.

135

어휴! 너무 감겼어요.

인사이드로 치려고 했는데…

인사이드로 쳤습니다만 팔과 허리가 멈춰 있었어요.

허리가 멈추면 인사이드 아웃의 스윙이 되어 훅볼이거나 잡아당기는 공이 나오게 됩니다.

탑에서부터는 더욱 빨리 허리를 돌립니다. 손은 늦게 인사이드로 내려옵니다.

이것을 프로들은 허리를 꺾는다고 말합니다.

허리를 날카롭게 틈으로써 인사이드로 내려온 헤드를 인사이드로 휘두를 수 있는 겁니다.

허리를 틈으로써 인사이드인의 스윙이 가능해 지는 거죠.

그러나 오른쪽 겨드랑이를 조여 오른손을 능숙하게 사용함으로써 여러분도 인사이드로 힘있는 공을 칠 수 있습니다.

그만큼 인사이드인의 스윙은 어렵다고 할 수 있습니다.

대부분의 아마추어들은 아웃사이드인의 스윙으로 문지르는 공을 치고 있습니다.

엇!
슬라이스다.

체중이동이 아직
완전치 못해서
그렇습니다.

체중?

다운 스윙에서
체중이 오른발에
아직 남아 있는
채로 있습니다.

체중을
오른쪽다리
에 남겨놓고
손만으로
쳐갑니다.

체중

손으로만 쳐서는
날아가지
않습니다.

손과 몸은
하나가 되어
휘둘러야만
합니다.

백스윙에서는
힘을 오른쪽
다리 안쪽에
모읍니다.

체중을 오른쪽
다리 안쪽으로
단단히 막아
냄으로써 다음
다운스윙에서
체중이 왼쪽
다리로 옮겨
갑니다.

다운스윙에서는
체중을 왼쪽 다리
안쪽으로
실어갑니다.

그런 체중을
쫓아내듯이 하여
손이 휘둘러질 때
손과 몸이 하나가
된 강렬한
임팩트가 됩니다.

이거 걸핏하면 뒤땅이야.

조사장님은 떠올리는 듯한 스윙 때문에 땅을 파는 거예요.

아이언샷에서는 위에서부터 공을 히트하여 공앞의 잔디를 떼어내는 것처럼 때립니다.

클럽에는 로프트가 있어서 자연히 공은 올라가게 되어 있습니다.

위에서부터 때려 내려오기 때문에 어드레스에서의 그립위치에 주의를 합니다.

NO

이와 같이 그립이 안쪽에 있으면 떠올리는 스윙이 되기 쉽습니다.

그립의 위치는 클럽헤드보다 목표 가까이로 해서(핸드퍼스트 자세를 취합니다)

이렇게 하면 백스윙이 크게 되어 위에서부터 찍어 때리기 쉬워집니다.

연습장에서 티업한 공을 위에서 히트하는 연습을 해 보십시오.

NO
YES

티업하여 치면 공이 마구 뜨는 것이 돼서는 안되고, 위에서 쳐서 로프트대로의 탄도가 되도록 연습합니다.

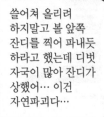

쓸어쳐 올리려 하지말고 볼 앞쪽 잔디를 찍어 파내듯 하라고 했는데 디벗 자국이 많아 잔디가 상했어… 이건 자연파괴다…

저렇게 궁상이라니까… 잔디는 뿌리가 금방 번지는 거예요. 새로 뻗어내린 잔디는 튼튼한거고…

그린까지 7번 아이언 거리인데.

일전에 임팩트 전후의 양팔꿈치의 턴에 관해 말씀하셨는데.

좀더 자세히 알려주세요.

인사이드에서 인사이드로 쳐내리면 양팔꿈치를 돌려야 합니다.

손은 오른쪽 허리높이까지 내려온 시점에서 돌리기 시작합니다.

손을 뒤집는 것은 고등기술로 빨리 돌려주면 몸이 정지돼 탑볼이나 뒤땅이 납니다.

NO

또 너무 늦으면 공은 오른쪽으로 빠져 버리죠.

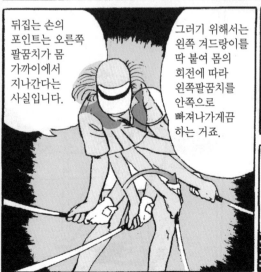

뒤집는 손의 포인트는 오른쪽 팔꿈치가 몸 가까이에서 지나간다는 사실입니다.

그러기 위해서는 왼쪽 겨드랑이를 딱 붙여 몸의 회전에 따라 왼쪽팔꿈치를 안쪽으로 빠져나가게끔 하는 거죠.

꽤 고등기술이지만 이것을 기억해두지 않으면 날카로운 샷이 되지 않습니다.

일단 싱글을 목표로하는 골퍼는 꼭 마스터 해야하는 기술입니다.

싱글... 싱글... 아... 그놈의 싱글...

골컥

나는 아무래도 떠올리는 타법이 되는데 어떻게 해야 하죠?

왼손 그립이 허술해요. 공을 올리려고만 해서 오른손에 힘이 들어가 있어요.

오른손에 힘이 들어가면 체중이 오른쪽다리에 남아 떠올리는 듯한 스윙이 되는겁니다.

왼손의 그립을 좀 더 꽉잡아 주세요.

오른손의 강한 힘을 왼손으로 단단히 막아내는 겁니다.

일반적으로 아마추어는 왼손그립이 약합니다. 왼손 그립을 단단히 쥐면 체중도 왼쪽 다리로 실려옵니다.

왼손을 꽉잡아 오른손이 치는 힘을 막아냅니다. 임팩트는 양손을 서로 싸움 시키듯한 느낌으로 쳐주는 겁니다.

아! 알았다.

바로 그거예요. 양손을 박수치듯! 같은 힘으로!

141

아이언은 다운블로우로 친다고 들었는데…

그래요.

그럼 어드레스때 체중은 왼쪽다리에 실리는 건가요?

아닙니다.

쳐 박는다는 느낌이 강하면 왼쪽 다리에 체중이 지나치게 실립니다.

왼쪽에 체중이 실리면 치고 빠지기 어렵게 되어 뒤땅이나 톱볼의 미스를 초래합니다.

경사지가 아닌한 체중은 균등하게 걸칩니다.

이때 그립을 왼쪽 넓적다리 안쪽에 놓고 자세를 취합니다.

공보다 손쪽이 목표 방향으로 나오는 핸드 퍼스트의 자세입니다.

이 자세에서 휘둘러 올렸다 내리면 헤드는 공을 히트한 뒤 잔디를 깎아내는 이른바 다운블로우의 샷이 됩니다.

그렇다고 무리하게 쳐 넣으려고 크게 잔디를 떠낼 필요는 없습니다.

치는 것은 공이지 지면은 아니니까요.

NO

YES

앞에서 다운스윙의 첫 움직임은 왼쪽 허리를 목표방향으로 부딪치는 동작에서부터 시작된다고 했는데 아이언이라도 같습니까?

같습니다. 톱에서 다운스윙으로 이동하는 순간의 움직임입니다.

손을 내리기 전에 왼쪽 허리를 왼쪽으로 슬라이드 시키는 겁니다. 조그만 움직임이지만…

허리를 슬라이드 시킨 뒤 허리가 돌아가고

허리의 회전에 끌려가듯이 어깨가 되돌아 오고 손이 끌려내려 옵니다.

톱에서 다운까지의 움직임을 순서대로 보면 허리의 슬라이드(체중의 이동)가 있고 허리가 회전, 어깨가 돌려지고 그리고 손이 끌려 내려옵니다. 다시 말해 다운스윙은 하반신 부터 시작됩니다.

④
③
①
②

클럽헤드는 손에 늦게 끌려 내려지는 것이 다운스윙의 원칙인 것이며 임팩트에서 최대의 헤드 스피드를 올리기 위해 불가결한 것입니다.

포대(砲臺)처럼 그린이 높은곳에 있군.

그린이 올라가 있어서 핀까지의 거리를 파악하기 곤란한데요.

그래요 핀 꼭대기만 조금 보이네요.

이럴 때는 때때로 쇼트하기 쉽습니다.

그린면이 보이지 않으니까 멀리 치려고 해도 그린에 도달하지 못하는 경우가 있어요.

이럴땐 마음껏 쳐야만 합니다. 유일한 목표인 핀에 바로 도달하도록 칩니다.

즉, 타구의 최상점에서 핀이 있는 곳에 낙하하도록 강하게 치는 겁니다.

몇번 아이언 이죠?

7번 입니다.140야드 정도인데요.

탁씨정도의 솜씨면 조금더 날려도 좋지요.

이크… 칭찬인가 꾸중인가?

탁씨는 힘만큼 헤드 스피드가 없어요.

결국… 꾸중이군.

다운스윙은 하반신의 리드로 시작된다고 전에 수차 설명 했죠.

탁씨는 탑에서부터 치려고 하기 때문에 콕을 빨리 풀어 버립니다.

이래서는 팔이 빨리 펴져서 임팩트때 헤드 스피드가 반감됩니다.

다운스윙의 초기에는 손이나 클럽을 의지하지 않는 일입니다.

몸의 회전을 되돌리기만 하는 겁니다. 그리고 허리가 움직이면 손은 자연히 따라옵니다.

몸의 회전으로 손이 끌어내려오면 그곳에서 비로소 손과 클럽은 공을 칠 태세가 됩니다.

이것이 하반신 리드의 다운 스윙으로, 힘있는 샷이 가능해집니다.

아이언샷의 경우 핸드 퍼스트의 자세를 취하라고 하는데 왜 그러죠?

네

핸드 퍼스트란 손을 공보다도 목표 방향으로 내민 자세 입니다.

아이언 샷에서는 이 자세에서 공을 히트 시키고 싶기 때문입니다.

스윙궤도의 최하점은 왼손과 클럽이 일직선이 됐을 때이므로 그전에 히트하고 싶은 것이죠

클럽페이스에는 로프트가 있으므로 최하점에서 히트하려고 하면 페이스가 열린 형태가 되어 바른 탄도와 비거리가 나오지 않습니다.

최하점

최하점 바로전에 히트하면 페이스가 공을 잡고 로프트대로 탄도를 얻을 수 없습니다.

공을 히트한뒤 클럽 헤드가 잔디를 떠내는 (이곳이 최하점) 즉, 다운블로우가 되는 셈이죠.

핸드 퍼스트는 다운블로우로 치는 자세라고 말할 수 있습니다.

로프트가 큰 쇼트 아이언 이하에서는 오픈 스탠스를 취하기 때문에 더욱 핸드 퍼스트의 정도는 심해 집니다.

오픈 스탠스로 하면 공은 중앙 가까이에 있게돼 핸드 퍼스트가 힘들어 집니다.

147

잘못 맞았어 슬라이스야.

아이언이 잘맞지 않아요.

우드는 잘치시는 것 같이 말하네.

많은 사람에게 발견되는 결점인데 다운스윙때 오른쪽 어깨가 나와 있어요.

이렇게 오른쪽어깨가 앞으로 나와있어요.

이것은 상체로 치기 어렵기 때문에 일어납니다.

어깨나 팔로 치기 어려우면 아웃사이드인의 궤도가 되어 페이스로 공을 잘 잡을 수가 없습니다.

어깨는 수평으로 풀려야 합니다.

그러기 위해서는 하반신으로 스윙을 리드해야 합니다.

다리, 허리의 리드로 스윙하면 손은 자연히 따라옵니다.

프로들이 공은 허리로 친다고 말하는 것이 바로 이것 입니다.

그린까지 160야드, 이런 거리에서 온시키려면

딱

어이쿠! 오른쪽으로 가버렸어.

손을 돌려주지 못하고 그냥 밀어만 쳤어요.

다운스윙에서는 오른손이 왼손 밑에 있지만…

임팩트 이후는 오른손은 왼손 위에 옵니다. 이것이 손의 돌림입니다.

손의 돌림을 스무드하게 하는 포인트는 임팩트에서 팔로우 스루까지의 왼쪽 겨드랑이의 조임에 있습니다.

왼쪽 겨드랑이를 조여 오른쪽 팔꿈치를 접치듯이 팔로우 스루를 합니다.

왼쪽 팔꿈치를 접치면 오른손은 돌아가면서 뻗어갑니다.

이러한 손의 돌림에 의해 인사이드인의 헤드궤도가 되어 목표를 향해 힘있는 공을 칠 수 있습니다.

어머! 슬라이스네…
나는 슬라이스가 잘
안나오는데.

왜? 그렇죠.

다운스윙에서 오른쪽
무릎이 앞으로 나왔어요.
때문에 아웃사이드인의
궤도가 된 것입니다.

다운스윙에서 오른쪽
무릎이 앞으로 나오는
것은 오른발 뒤꿈치를
너무 빨리 들어올렸기
때문입니다.

임팩트까지는
오른발 뒤꿈치는
지면에 붙어 있어야
합니다.

뒤꿈치를 빨리
들면 오른쪽
무릎이 앞으로
나와 버립니다.

스윙궤도는
인사이드에서
내려와서 인사이
드로 빠져 나가야만
합니다.

인사이드로부터
내리기 위해서는
다운스윙의 임팩
트까지 오른발
뒤꿈치는 지면에
붙여 놓습니다.

또한 오른발
뒤꿈치가 빨리
올라가면 몸의 축도
왼쪽으로 움직이기
쉬워 집니다.
이것도 슬라이스의
원인이 됩니다.

오른발 뒤꿈치를
붙여 놓는 것은
왼쪽으로 움직이려
고 하는 몸을
멈추게 하는
자물쇠의 역할을
하는 것입니다.

인사이드 인으로 휘두르는 겁니까? 난 아웃사이드 인으로 휘두르니까 슬라이스가 돼요.

좋아 이번에야 말로 인사이드 로부터

우... 또 슬라이스다.

인사이드에서 휘두를 생각이었는데

아직도 아웃사이드 인으로 휘두르고 있어요.

디벗 자국을 자세히 보세요.

디벗 자국이 왼쪽을 향하고 있죠?

디벗 자국이 목표를 향해야만 합니다.

이와같이 디벗 자국으로 헤드스윙 궤도를 알 수 있습니다. 친 다음에 잘 관찰해 보세요.

또한 코스 밖의 지면에서 빈스윙을 해서 헤드자국을 보고 궤도방향을 확인할 수 있어요.

단 코스안에서는 빈스윙을 하여 더프를 깎아 내는 것을 금하고 있습니다. 위험이 없는 장소에서 해야 합니다.

이번에는 또 감겼어.

아이언 샷이 왼쪽으로 날아갔어.

아이언 샷을 왼쪽으로 감는 사람은 많습니다.

그래서 조금 오른쪽을 향해 섰는데

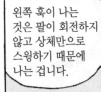
왼쪽 훅이 나는 것은 팔이 회전하지 않고 상체만으로 스윙하기 때문에 나는 겁니다.

팔이 회전하지 않으므로 임팩트에서 손이 돌아가 왼쪽으로 감기는 것입니다.

그것을 보완하려고 오른쪽으로 향하면 할 수록 감깁니다.

반대로 조금 왼쪽을 향하고(오픈 스탠스) 허리회전을 하기 쉽게 해줍니다.

그리고 다운스윙에서 마음껏 허리를 왼쪽으로 회전시킵니다.

손도 허리에 이어 왼쪽으로 마음껏 휘두릅니다. 이렇게 하면 왼쪽으로 갈것 같지만 공은 바로 날아 갑니다.

가장 나쁜 것은 오른쪽으로 날리려고 허리를 고정시키고 손만으로 오른쪽으로 휘두르는 것입니다. 이렇게 하면 훅이 납니다.

감기는 공이 나올 때는 마음껏 몸을 왼쪽으로 회전시켜 줍니다.

페어웨이우드에 선 공 가까이 서라고 했는데 아이언 샷도 마찬가진가요?

그래요. 공에서 멀리 떨어져 있다면 마찬가지로 미스가 나죠.

일반적으로 멀리 보내려고 힘을 줄때에 그렇게 서는 사람이 많습니다.

플레트 스윙은 역시 뒤땅이나 탑이 많습니다.

또한 떨어져 있으면 공에 클럽헤드를 던져 맞히고 마는 스윙이 되기 쉽습니다. 팔로우를 취하기 어려워지죠.

공에 가까이 서면 위에서 부터 공을 때려 공을 완전 클럽페이스로 잡을 수 있습니다.

또한 몸이 서있기 때문에 회전이 쉬워집니다

헤드의 빠짐이 좋아지고 완전한 팔로우가 됩니다.

무거운걸 들때를 생각해 보세요. 멀리서면 힘이 들지요.

그렇다고 너무 가까이에 서면 몸이 방해가 되어 휘두르기 힘듭니다.

사람에 따라 차이는 있지만 될 수 있는대로 가까이 서서 휘두르기 적절한 공의 위치를 연습때 찾아둬야 합니다.

3타째는 그린까지 130야드로군요.

어머! 탑이다.

또닥

아무래도 힘이 부족해요. 공을 어루만지듯 쳐서 그래요.

나는 여자라서 힘이…

아차 여자 프로 앞에서…

지면이 무서워서 공을 채가듯 걷어치고 있어요.

아이언 샷은 위에서부터 클럽헤드를 공에 던져 맞히는 느낌이 필요 합니다.

지면과 싸우는 느낌이죠.

그립이 느슨하니깐 힘이 나오지 않는 겁니다.

왼손 그립을 꽉 잡습니다.

힘있게 친다고 하면 대개는 오른손으로 쳐버리기 쉬운데

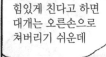

그래서는 스윙 궤도가 무너지기 쉽고 뒤땅을 치거나 합니다.

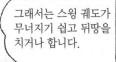

특히 왼손의 새끼손가락, 약지, 중지 세손가락은 꽉잡습니다. 스윙이 끝날 때까지 세손가락이 느슨해져서는 안됩니다.

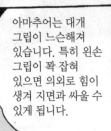

아마추어는 대개 그립이 느슨해져 있습니다. 특히 왼손 그립이 꽉 잡혀 있으면 의외로 힘이 생겨 지면과 싸울 수 있게 됩니다.

전 요즘 아이언 샷의 방향성이 좀 나쁜데…

좋아요. 탁형은 상급자니까 어려운 점을 얘기하죠.

샷의 방향성이 나쁜 것은 다운스윙에서 헤드의 내리는 방향이 일정치 않기 때문입니다.

헤드가 밖에서부터 내려오기도 하고

인사이드로 내려오기도 합니다

이것은 오른쪽 팔꿈치의 사용방법에 원인이 있습니다.

탑에서 팔꿈치가 뜨거나 밖으로 향하기도 합니다.

어드레스때 오른쪽 팔꿈치를 가볍게 조이듯이 하여 오른쪽 옆구리에 붙입니다.

오른쪽 팔꿈치는 밑을 향한다.

왼팔과 오른팔 사이에 막대기를 끼운 것 같이 합니다.

이 자세 그대로 백스윙에 들어가는데

오른쪽 팔꿈치를 지점으로하여 팔을 꺾듯이 올라갑니다.

이렇게 하면 오른쪽 겨드랑이가 조여져 오른쪽 팔꿈치는 항상 밑을 가리킨 채 올라갑니다.

오른쪽 팔꿈치를 지점으로 백스윙 하므로 언제나 낮은 각도의 헤드가 올라갑니다.

다운스윙도 같습니다. 오른쪽 팔꿈치를 지점으로하여 구부러진 오른팔을 뻗어갑니다.

언제나 오른쪽 팔꿈치는 밑을 가리키도록 합니다.

이렇게 함으로써 헤드가 내려오는 궤도가 일정하여 방향성이 안정돼 갑니다.

좋았어. 핀대야 잘 있었냐하고 곧장 날아간다.

왁! 짧았다.

이상하다. 150야드면 7번 아이언으로 충분한데.

거리계산이 잘못됐어요.

탁형처럼 핸디가 싱글에 가까우면 거리를 좀더 정확하게 파악해야 해요.

예를 들어 저 나무가 그린까지 150야드를 표시했다고 칩시다.

거리 표시는 코스에 따라서도 다르지만 대부분 그린에지 까지의 거리를 나타내고 있습니다.

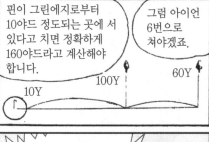

핀이 그린에지로부터 10야드 정도되는 곳에 서 있다고 치면 정확하게 160야드라고 계산해야 합니다.

그럼 아이언 6번으로 쳐야겠죠.

100Y

60Y

10Y

상급자의 경우 아이언샷은 떨어져서 곧 멈추므로 염두에 두어야 합니다.

그 밖에 라이가 올라가거나 내려간 지형, 바람 등을 엄격하게 계산하여 거리를 파악한 뒤에 클럽을 정합니다.

핀까지 180야드 아이언 4번으로 공략한다.

감이 좋았어. 이건 핀대다.

왓! 그린 오버다.

아니, 아이언 4번으로 그린앞 에이지를 맞고 튀겨 그린을 오버하다니…

유능한 골퍼라면 그날 그날의 페어웨이 상태를 읽어야 해요.

그동안 비가 오지 않아 페어웨이는 굉장히 딱딱한 상태예요.

더구나 그린은 오르막 경사니 자연히 런이 많이 나오지요.

이런날 롱아이언은 런이 많이 나온다는 걸 잊어서는 안되죠.

반면 비가 온 뒷날 에이지는 땅이 물러 그린에 다다르지 못하는 경우가 생깁니다.

이처럼 골프는 지형과 기후 그 동안의 일기까지 계산에 넣어야 하는 운동입니다.

지질학자, 기상학자가 되어야 유능한 골퍼가 되는건가…

그린까지 110야드 이번엔 꼭 온그린 시켜야지.

어마! 뒤땅이다.

박여사께선 스탠스가 너무 넓어요.

드라이브라면 몰라도 8번 아이언의 스탠스로는 폭이 너무 넓었어요.

아이언은 롱아이언보다 공과 몸의 간격이 가까워지는 만큼 스탠스도 좁게 서야합니다.

클럽에 따라 스탠스 폭을 조정하지 않는 사람이 많은데 그래선 안됩니다.

그래서 뒤땅이 자주나오는가 보죠.

숏트아이언은 롱아이언과 달리 비거리 보다 방향이 중요시 됩니다.

때문에 다리 폭을 좁혀 스윙을 억제하여 작게 합니다.

또한 클럽이 짧기 때문에 백스윙이 세로스윙에 가까운 느낌이 됩니다.

이것도 좌우의 흔들림을 적게 하기 위한 것입니다.

기능성 스포츠웨어

골프. 등산 낚시. 하이킹

applerind

됐어! 나이스 샷이다.

어이쿠… 볼이 멈추질 않아.

프로는 떨어지면 바로 멈추는데 우린 왜 저런 런이 나오죠.

다운블로우를 치질 않아서 그래요.

아마추어는 잘쳤다는 것이 공바로 밑의 더프가 깎여 집니다.

프로의 경우 공의 5cm에서 10cm 앞의 더프가 깎여집니다.

바로 다운블로우 때문이죠. 백스핀이 걸리는 것은 바로 이 때문입니다.

일반 아마추어의 경우 대부분 스윙궤도의 최저점에서 공을 잡습니다.

최저점

때문에 공 바로 밑의 더프가 깎여집니다.

이것은 쓸어 치는 것으로 다운블로우는 아닙니다.

공을 히트하는 것은 클럽헤드가 아직 아래를 향하여 내려가는 과정으로 스윙궤도의 최저점은 아닙니다.

최저점

아이언샷에서는 핸드퍼스트의 자세로 임팩트하라고 들었는데요.

그렇 습니다.

그럼 임팩트에서는 콕이 완전히 풀리지 않는군요.

다운블로우에서 는 그렇습니다.

탑에서 엄지손가락쪽으로 손목이 꺾이는 것은 올바른 콕입니다.

왼쪽 엄지손가락으로 클럽을 받쳐주는 형태입니다.

다운스윙에서는 이 콕을 바로 풀지 않고 그 자세 그대로 내립니다.

손이 허리 부분에 내려 올 때까지 콕을 풀지 않고 잡습니다.

그 후 콕은 점차 풀립니다.

임팩트까지 콕은 완전히 풀려있지 않습니다.

아직 헤드가 아래를 향하여 내려오는 도중에서 임팩트 시킵니다. 이것이 핸드퍼스트 의 자세와 똑같은 형태입니다.

공을 히트한 뒤 콕은 완전히 풀려 팔과 클럽은 일직선이 됩니다.

이것이 스윙 궤도의 최저점으로, 공의 앞 5cm의 더프가 깎여지는 것은 이 때문 입니다.

최저점

앞서 다운블로 스윙에서 콕 사용법을 알아 봤습니다만…

스윙은 물론 콕만을 연구하면 되는 것은 아닙니다.

손과 몸의 움직임이 하나가 돼야 합니다.

손과 몸은 하나로 연결돼 있습니다.

탑에서 다운 스윙에 걸쳐 콕을 풀지 않고 내려온다고 했습니다만…

그전에 비틀린 왼쪽허리를 날카롭게 회전 시킵니다.

이러한 허리 회전에 끌려 내려오듯 손이 내려오는 겁니다.

체중도 왼다리로 이동한다.

다시 말하면 허리 회전이 먼저이며 손은 나중에 내려옵니다.

NO

이순서가 바뀌면 콕은 빨리 풀려집니다.

다운스윙에 들어가서 왼쪽허리, 무릎의 움직임이 콕을 푸는 것을 늦춰줍니다.

왼사이드의 리드라고 하는 것은 이것을 말합니다.

왼사이드의 리드에 의해 콕이 완전히 풀리기 전에 공을 히트 할 수 있는 것입니다.

손과 몸의 움직임을 하나로 하여야 비로소 다운블로가 가능해집니다.

핸드 퍼스트로 공을 잡는다.

최저점

왓!
탑핑이다.

뒤땅을 염려하면 탑핑이 나오고 골프는 왜이리 까다로운지 몰라.

낄낄… 그게 쉽게되면 왜들 그리 번뇌하고 실망하고 열들을 받겠어요

모든 샷이 마찬가지지만 특히 아이언샷에서는 팔에 긴장감이 남아 있어서 뒤땅이나 탑볼이 나옵니다.

팔의 긴장감은 그립을 너무 세게 잡는게 가장 흔한 경우입니다.

그립을 강하게 잡으면 어깨와 팔에 힘이 들어 가서 다운블로 샷이 되지 못하기 때문입니다.

팔의 긴장감이 클럽 샤프트까지 전달되어 소위 쓸어치는 타법이 나오기 때문입니다.

쓸어치는 샷이 뒤땅이나 탑볼이 많이 나오는 이유는 그림과 같습니다.

뒤땅   탑핑

때문에 쓸어치는 것을 방지하려면 백스윙 탑에서 형성된 콕킹을…

오른쪽 어깨 높이까지 풀지말고 그대로 내려 옵니다.

어깨높이와 허리쯤에서 꺾인 콕킹을 부드럽게 풀어 주면서 박아줍니다. 이때 스윙궤도는 멀리서 돌아오는 느낌이 아닌 가까운 곳에서 내려오는 느낌입니다.

YES

NO

그린온 시킬 찬스다. 그린까지 130야드… 7번 아이언이 좋겠군.

아이고… 탑핑이다.

백스윙이 너무 컸어요.

오버스윙은 아니었던것 같은데

아이언 샷은 그렇게 휘두르지 않아도 됩니다.

스윙이 크면 클수록 몸이 쉽게 움직여 정교한 공을 치기가 그만큼 어렵습니다.

아이언 때의 탑의 위치는 이정도면 족합니다.

이렇게 작게 올려서 제거리가 나지 않을 것 같은데

이것으로도 어깨를 충분히 돌리고 있으므로 비거리도 떨어지지 않아요. 이 이상 더큰 움직임은 자칫 스윙궤도만 무너뜨릴 뿐입니다.

일반적으로 아마추어는 아이언 샷을 지나치게 크게 휘두르는데, 공만 제대로 잡으면 절대 비거리는 떨어지지 않습니다. 고급자 일수록 스윙은 작습니다.

어맛! 뒤땅이야

펙

역시 페어웨이 우드는 어려워요.

박여사께선 우드로 과연 공을 떠올릴 것인가 하는 염려를 너무하는 것 같아요.

페어웨이우드는 가깝게 서서 스윙궤도를 높인다고 말씀드렸는데

공을 띄우는걸 염려해서 떠올리려다가 뒤땅을 친 것입니다.

비록 잔디 위에 놓은 공이라도 충분히 박아서 공을 잡아 줘 보십시오

페어웨이우드는 쓸어친다고해서 마냥 쓸려 하다간 탑핑이 나옵니다. 공만 먼저 제대로 잡는다면 충분히 박아 주고 팔로를 해주면 방향까지 좋아집니다.

제주 골프장 실시간 할인예약

롱아이언은 클럽페이스가 좁고 로프트가 낮기 때문에 매우 정확한 기술이 필요합니다.

롱아이언일 수록 가볍고 부드럽게 샷을 하라고 한다고 해서 스윙을 충분히 하지 않거나 팔로만 치려고 하면 절대 되지 않습니다.

롱아이언은 클럽으로 공을 때리려해서는 안되고 끝까지 휘둘러 주어야 합니다.

대개 멀리 보내야 한다는 욕심으로 필요 이상의 힘을 주거나 빨리 손목이 풀어지는 경우가 많은데 그래서는 안됩니다.

스탠스를 약간 좁히고 페어웨이 우드때와 같이 공의 위치는 왼발뒤꿈치 앞쪽에서 공하나 정도 안쪽에 둡니다.

백스윙과 다운스윙 때에 왼쪽 손등이 정면을 향해 올리고 내려줍니다.

임팩트에서는 무리하게 손을 돌리려 하지말고 그대로 왼쪽 손등이 목표선을 향하게 내버려두며 끝까지 팔로를 해줍니다.

롱 아이언샷을 팔로 치려고 해서는 공도 뜨지않고 거리도 나지 않습니다.

몸의 큰 근육을 크게 움직여서 몸전체로 샷을 해주어야 합니다.

숏 아이언은 클럽페이스의 로프트가 많기 때문에 팔로 쳐도 공이 뜨게 되어 있습니다만 롱아이언은 몸전체로 쳐내려 갑니다.

때문에 자칫 슬라이스가 날수가 있기에 그립은 왼손을 덮는 스트롱 그립을 하는 것도 유리한 방법입니다.

그리고 스윙전반에 걸쳐서 똑같은 스윙 템포를 유지해 주어야 합니다.

임팩트라고 해서 특별히 힘을 가할 필요는 없습니다.

백스윙 탑에서부터 팔로까지 같은 템포를 유지하며 샷을 해줍니다.

한마디로 요약해서 롱아이언은 페어웨이 우드의 감각으로 사이드 블로로 끝까지 휘둘러 쳐야 합니다.

우와 탑핑이다.

역시 롱 아이언은 힘들어요.

어렵다고 느껴지면 더욱 어려워 지는 것이 롱 아이언 입니다.

롱 아이언을 치는 방법 중에 3번 아이언을 잡고 7번 아이언을 친다는 기분으로 쳐 보는 법도 있습니다.

그러기 위해서는 그립을 짧게 잡고 쳐보는 것도 방법입니다.

그리고 7번 아이언 거리까지만 염두에 두고 가볍게 샷을 해봅니다.

롱 아이언에 대한 막연한 두려움을 떨쳐버리는 한 방법 입니다. 짧게 잡아서 긴 샤프트에 대한 두려움부터 떨쳐내는 것도 롱 아이언 극복의 한 방법입니다.

아이언 샷은 다운블로로 힘껏 박아쳐주라고 했습니다만, 혹자는 롱 아이언은 쓸어 친다고들 하는데 과연 맞는 말인가요?

롱 아이언은 로프트가 낮기 때문에 쓸어쳐 줘야 한다고 합니다.

그러나 상급자들 일수록 롱 아이언도 찍어주는 샷을 합니다.

역시 찍어서 쳐주는 샷이 공의 구질이 바르게 나와 방향이 좋아지기 때문이며

탑핑이나 뒤땅을 방지하는 길이기도 하기 때문입니다.

롱 아이언을 쓸어치라는 말은, 숏 아이언은 강한 다운블로로 박아주고 가볍게 팔로해 주어도 방향성이 좋아지는데 반해 롱 아이언은 그렇지 못하기 때문입니다.

자칫 강하게 박아쳐주고 마는 샷이 됐을 때는 공이 날지 않습니다.

롱 아이언은 그래서 큰 흐름으로 치라고 했습니다. 그렇다고 해도 임팩트때는 찍어준다는 느낌으로 치고 완벽한 팔로를 가져가야 옳은 스윙이 됩니다.

171

우와
또 탑핑이다.

아무래도 롱
아이언은
어려워.

어렵다 어렵다
하면 더욱
어려워지는
것이
골프입니다.

롱 아이언 샷의 비결
중에 헤드무게를
느껴치라는 것이
있습니다.

헤드무게?

롱 아이언은 숏
아이언과 달리
헤드가 작게
생겼습니다.

물론 샤프트
길이는
길지만…

헤드가 가벼우므로
자칫 헤드무게를
느끼지 못하고 치게
됩니다.

헤드무게를 느끼지
못하는건 그 만큼
그립과 팔에 힘이
들어가 있다는
뜻입니다.

헤드무게를 느끼지
못하고 치는 롱
아이언은 십중팔구
실패합니다.
헤드무게를 느끼며
큰 아크로
부드럽게 임팩트
해 갑니다.

앞서 말했듯이 롱 아이언 샷에서 7번이나 5번과 같은 느낌으로 치라고 했습니다.

곧 그것은 자신감 있게 스윙을 가져가라는 뜻입니다.

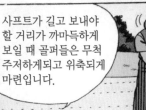

사프트가 길고 보내야 할 거리가 까마득하게 보일 때 골퍼들은 무척 주저하게되고 위축되게 마련입니다.

대개 피칭이나 숏 아이언은 제거리가 나지 않는다거나 뜨지 않는다는 두려움을 갖고 있지 않습니다.

때문에 샷 자체도 대개 경쾌하게 가져갑니다.

그러나 롱 아이언 때는 그 경쾌한 샷이 나오지 못하고 있습니다.

일단 방향이 어디로 가든 자신감을 가지고 경쾌하게 채를 떨어트려 스윙해 갑니다.

위축되어 소극적인 샷으로는 롱 아이언에서 제 거리를 얻지 못합니다.

마음껏 공을 때려줘 봅시다… 그래야 샷을 잡아 나갈수 있습니다.

따대악

자신있게

우와~
슬라이스다.

방금 조사장님의
슬라이스는 헤드업이
원인입니다.

이 머리는
왜 자꾸
움직이는지

누구나 임팩트때
머리를 움직이지
않으려고 애를 써도
그것이 잘되지
않는데

그래서 저는
머리를
움직이라고
얘기하고
싶습니다.

예? 머리를
움직여요?

특히 롱
아이언샷때
움직이라고
말합니다.

다만 그것이 왼쪽이
아닌 오른쪽으로
움직이라는 것입니다.

롱 아이언이나
드라이브 같은
풀샷일때 그
반대편으로 머리를
움직여주면 더욱
확고한 왼쪽 벽이
생겨서 슬라이스가
방지되며 파워도
붙습니다.

또하나 같은 아이언이라도 롱 아이언과 숏 아이언의 구사법도 약간은 달라야 합니다.

물론 모든 아이언은 방향이 좋아야 겠지만 롱아이언은 거리 역시 나야만 유리합니다.

때문에 롱 아이언은 스윙자체가 크고 호쾌한 반면

숏 아이언은 스윙폭을 적게하고 방향만을 염두에 두게됩니다.

결국 롱 아이언은 스윙폭이 작아지면 그 클럽이 갖고 있는 거리를 도저히 얻을 수가 없게 됩니다.

아마추어들 중에는 롱 아이언을 구사못해서 쩔쩔매는 사람이 의외로 많습니다. 그것은 롱 아이언의 특성을 제대로 파악하지 못한 때문입니다.

롱 아이언은 스윙이 드라이브샷처럼 큰 아크를 그리며 해주는 것이 중요합니다. 우드처럼 특별한 임팩트보다 스윙자체의 흐름으로 공을 잡아가는 느낌입니다.

대개 탑핑 방지법을 말씀드리면 더프(뒤땅) 방지법과 거의 상통되는 것을 알 수있습니다.

뒤땅과 탑핑은 거의 같은 미스샷에서 나오기 때문입니다.

곧 공을 밑에서 떠올리려는 샷에서 조금 클럽이 먼저 떨어지면 뒤땅, 조금 늦으면 탑핑이기 때문입니다.

특히 아이언샷의 기본은 클럽헤드가 위에서부터 떨어져 내려오면서 공을 잡아줘야 합니다.

그러기위해 아이언 샷은 테이크 백때 좀 빠르게 콕을 하여 샤프트를 세워 팔로스로를 크게 가져가지 않아야 합니다.

그리고 코킹된 손목을 다운 스윙시 일찍 틀어 버리면 더프나 탑핑이 발생합니다.

때문에 헤드보다 손이 먼저 공을 지나가야 하며 임팩트 순간에도 코킹이 다 풀어지지 않는 느낌이며 공을 잡은후에 코킹이 다 풀어지도록 해줍니다. 그래야 소위 찍어 친다는 샷이되어 공을 제대로 잡을 수 있게 됩니다.

코킹을 너무 일찍 다 풀어주면 헤드가 멀리서 다가오게되어 뒤땅이나 탑핑이 발생하는 것입니다.

우드샷이 비거리를
내기위해 오버스핀이
걸리도록 스윙을 해주는
반면 아이언샷은
거리보다는 방향성과
목표점이 우선입니다.

이 경우는 가능한 공이
떨어져서 멀리 도망가지
않는 역스핀의 공을
구사하라고 주문을
합니다.

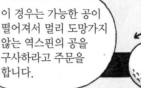

때문에 우드샷의
임팩트는 스윙궤도
최저점에서
상승순간이지만
아이언은 최저점 직전이
되어야 합니다.

최저점 곧 클럽이
내려오면서 공을
잡아 나가라는
것입니다.

그래서 아이언샷 후의
디벗자국은 공이 놓여있는
앞이라고 말을 합니다.

때문에 아이언 샷은 약간의
페이드(오른쪽으로 약간
휘는) 공이 되어 떨어져서도
곧바로 서게되어 목표점에
접근하는 것입니다.

이렇게 아이언샷과
우드샷의 목적한 바가 다를
때는 거기에 맞는 샷이
필요합니다.
최소한 그런 원리를 안 다음
연습에 들어가면 발전은
빨라지겠지요.

대개 숏아이언은 찍어쳐주고 롱아이언은 쓸어치라고들 하는데 그게 맞는 말인지요?

골프에서 "이것이 꼭 정설이다"라는 경우는 없습니다.

롱아이언이든 숏아이언이든 찍어서 디벗자국을 내주며 샷을 하면 역스핀이 많이걸려 공이 떨어진 후 도망가지 않는 장점이 있습니다.

그러나 동양인처럼 키작은 골퍼들에게 있어서 롱아이언을 찍어친다는 것은 그리 쉬운 일은 아닙니다.

특히 롱아이언샷을 어려워하는 분들게 저는 역시 쓸어쳐주라고 권하고 싶습니다

우선 공의 위치는 왼발 뒷꿈치 앞쪽 입니다.

그리고는 일체 공에 대해서는 생각을 하지말라는 것입니다.

다만 공이 놓여있는 앞과 뒤의 잔디를 잘라낸다는 느낌으로 스윙을 해줍니다.

어느 특별한 포인트를 염두에 두지말라는 말입니다. 스윙전체로 공을 밀고 나가는 기분입니다.

특별히 임팩트를 가해서 공을 치지말고 공 주위의 잔디 위를 잘라준다는 느낌입니다.

잔디가 누워 있어서 뒤땅 발생이 많으니 찍어치라고 말씀 하셨는데.

그래요.

다잡고 찍어치려하면 오히려 뒤땅이 더 나오거든요.

그래요, 쓸어치던 분이 찍으려 들면 더 뒤땅이 많이 나오기도 합니다.

그건 어드레스때부터 자세가 잘못되었을 때입니다.

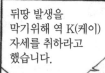

뒤땅 발생을 막기위해 역 K(케이) 자세를 취하라고 했습니다.

그러나 탁형처럼 가슴이 오픈되면 찍어서 공을 잡기가 불편해 집니다.

가슴이 오픈되면 밖으로 철저히 밀어내서 쳐야 방향이 맞게 되는데 그렇게 되면 자연히 쓸어치는 타법이 나옵니다.

공위에서 클럽헤드가 떨어지는 느낌을 주면서 다운 블로로 공을 잡기가 쉬워집니다.

어깨를 크로스로 닫아서 어드레스해 몸안으로 클럽을 끌고 들어와서 공을 잡아보세요.

위에서 떨어지는 느낌은 곧 찍어치는 샷이 되는 것입니다.

181

라운딩 도중 홀의 모양이나
장애물로 인해 고의적인
훅볼을 쳐야할 때가
있습니다.

훅볼을 치기위해
스트롱 그립을 하고
크로즈 스탠스를
취한다는 것은
기본입니다.

그러나 그것만으로
충분치는 않습니다.

확실한 훅볼을
기대하려면 가장
필수적인 것이
어깨입니다.

손과 클럽헤드가 공을
통과할 때 오른쪽 어깨가
왼쪽보다 낮게 되도록
하는 것입니다.

이렇게 되면 훅볼이
나올뿐 아니라 훅의
정도를 컨트롤 할 수
있으며 지면에 떨어진
공이 지나치게 굴러가는
것을 막아줍니다.

한편 임팩트때 오른손이
왼손을 덮어주어야 하며

피니시는 높게 가져가도록 합니
다. 이와 같은 느낌을 체득하려면
야구의 투수가 언더핸드로
공을 던지는 모습을 그려
보도록 합니다.

다운스윙 내내 고개를 움직이지 않아야
한다는 것도 잊어서는 안됩니다.

탑핑이나 더프 발생의 가장 큰 적은 수차 얘기했듯이 헤드 업 입니다.

이 헤드 업은 모든 샷에서 한결같이 요구하는 금기사항입니다.

그러나 스윙폭이 큰 풀샷때보다 아주 미묘한 거리의 짧은 어프로치나 칩샷을 할때 헤드 업의 폐해는 더 치명적입니다.

헤드 업은 작은 스윙일 수록 더욱 신경써야 합니다.

아주 짧은 숏 퍼트때도 이 헤드 업이 문제가 되곤 하지요.

숏아이언의 탑핑 발생도 헤드업으로 몸이 열리며 자세도 일어서게 되어 공의 윗 부분을 때려서 나옵니다.

'작은 샷일수록 머리를 파 묻어라' 이 말을 꼭 숙지 하세요.

프로선수치고 헤드 업하는 사람은 없습니다. 헤드 업을 하는 아마추어 골퍼가 싱글이 되기란 요원합니다.

파 3홀이다.

거리는 150야드가 되겠군

내가 먼저 공략해야 겠군

두리번

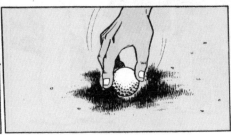

왜 티업을 하지 않고 바로 잔디 위에 공을 놓지요?

전 아이언샷을 티업해서 치면 미스가 많아요.

티업한 공을 아이언으로 칠때 거리도 줄고 방향도 좋지 않거든요.

무슨 이유인지 알 것 같아요.

아이언샷을 티업해서 공략할 때 주의해야 할 몇가지 점을 소홀히 해서 그래요.

더프나 탑핑발생을 최소한으로 줄일 수 있기에 역시 티업을 하는 것이 원칙이라 해도 좋겠지요.

그러나 역시 티업해서 공략 할때는 티업을 하는 것이 여러모로 유리합니다.

티업한 공을 아이언으로 공략할때 주의해야 할 점을 말씀드리겠습니다.

우선 아이언 샷의 티업은 높지 않아야 합니다.

티업이 높게 되었을 때 지면 위의 공을 공략하듯 다운 스윙해 들어가면 페이스 윗부분에 공이 맞게 됩니다.

이렇게 되면 공은 하늘 높이 치솟고 거리도 줄고해서 효과적인 공략이 되질 못합니다.

티업은 공이 잔디끝에 닿을듯 말듯하게 잔디에 떠있듯이 해주는 것이 적당합니다.

그리고 주의할 점은 평지에 놓여 있는 공 보다 떠있다는 걸 머리속에 유념 해야 한다는 것입니다.

그렇지 않으면 자칫 평소보다 클럽헤드가 깊이 들어가서 플라이 볼이 나오게 됩니다.

아무리 주의해도 티업한 공을 아이언으로 공략하면 저는 훅볼이 많이 나오는데

대개 공을 티업했을 때 공이 떠있다는 걸 의식하고 걷어치려 하기 때문에 그런 결과가 나오는 것입니다.

공이 지면에 떠 있다고 우드때처럼 밑에서 걷어 올려 치려하면 훅볼과 같은 미스샷이 나옵니다.

티업할 공이라도 아이언은 다운 블로샷으로 공을 쳐박아 쳐주라는 것입니다.

아마추어들은 티업한 공을 아이언으로 공략할 때 디벗자국을 내지 못하고 쓸어치는 것을 흔히 봅니다.

비록 티업한 공이라도 디벗자국이 나오도록 철저히 쳐내려 주라는 것입니다.

그래야만 정확한 거리와 좋은 방향성을 얻을 수 있습니다.

롱아이언은 클럽페이스가 좁고 로프트가 낮기 때문에 매우 정확한 기술이 필요합니다.

롱아이언일 수록 가볍고 부드럽게 샷을 한다고 해서, 스윙을 충분히 하지 않거나 팔로만 치려고 하면 절대 되지 않습니다.

롱아이언은 클럽으로 공을 때리려 해서는 안되고 끝까지 휘둘러 주어야 합니다.

대개 멀리 보내야 한다는 욕심으로 필요 이상의 힘을 주거나 빨리 손목이 풀어지는 경우가 많은데 그래서는 안됩니다.

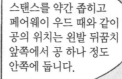

스탠스를 약간 좁히고 페어웨이 우드 때와 같이 공의 위치는 왼발 뒤꿈치 앞쪽에서 공 하나 정도 안쪽에 둡니다.

백스윙과 다운스윙 때에 왼쪽 손등이 정면을 향해 올리고 내려줍니다.

임팩트에서는 무리하게 손을 돌리려 하지말고 그대로 왼쪽 손등이 목표선을 향하게 내버려두며 끝까지 팔로를 해줍니다.

탑핑이란 클럽페이스가 공 중간 윗부분을 맞췄을 때 발생 하게 됩니다.

이는 결국 클럽헤드를 공 밑에 어드레스한 자세에서.

임팩트 때는 어드레스 자세보다 높아서 발생하는 것입니다.

이런 탑핑을 방지하려면 하체에 특히 유념해야 합니다.

대개 골퍼들은 때리려는 순간 힘이 들어가서 자세가 무너지기 쉽습니다.

탑핑을 막으려면 스윙의 시작부터 끝까지 무릎을 일정하게 높이고 유지 하는 일이 중요합니다.

어드레스 때 구부렸던 무릎이 임팩트 순간 자기도 모르는 사이에 일어나는 것을 막아야 합니다. 그때문에 골프는 하체가 견고해야 좋은 샷을 할 수 있는 것입니다.

어이쿠~
탑핑이다!

이거 언제까지
탑핑이나 치고
있으니… 난 역시
안되나봐.

초보자들에게서
많이 나타나는
것이 탑핑입니다.

도무지 공이 뜨지를
않고 마냥 굴리고만
다니니 스스로 한심
해지고 낙담하기
마련이지요.

연습장에서는 보기
좋게 공이 날아 오르
는데 필드에 나서기만
하면 공을 띄우지
못하는 초보자들이
많습니다.

이는 무엇보다도 공을
띄우려는 마음이 앞서기
때문에 나타나는
현상입니다.

제발
떠올라라.

공을 퍼올리려 하면 할
수록 공은 뜨지않고
탑핑 내지 뒷땅만
발생합니다. 공이 뜨는
것은 클럽페이스의
로프트가 띄워 줍니다
탑핑 방지법을 연구해
보도록 하죠.

대개 탑핑방지법을 말씀드리면 더프(뒷땅) 방지법과 거의 상통되는 것을 알수 있습니다.

뒷땅과 탑핑은 거의 같은 미스샷에서 나오기 때문입니다.

곧 공을 밑에서 떠올리려는 샷이 조금 클럽이 먼저 떨어지면 뒷땅, 조금 늦으면 탑핑이기 때문입니다.

아이언, 특히 숏아이언 샷의 기본은 클럽헤드가 위에서부터 떨어져 내려오면서 공을 잡아줘야 합니다.

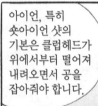

그러기위해 숏아이언 샷은 테이크 백 때 좀 빠르게 콕을 하여 샷프트를 세워 팔로드루를 크게 가져가지 않아야 합니다.

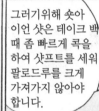

그리고 콕킹된 손목을 다운 스윙시 일찍 풀어버리면 더프나 탑핑이 발생합니다.

콕킹을 너무 일찍 다 풀어주면 헤드가 멀리서 다가오게 되어 뒷땅이나 탑핑이 발생하는 것입니다.

때문에 헤드보다 손이 먼저 공을 지나가야하며 임팩트 순간에도 콕킹이 다 풀어지지 않는 느낌이며 공을 잡은 후에 콕킹이 다 풀어지도록 해줍니다. 그래야 소위 찍어 친다는 샷이 되어 공을 제대로 잡을 수 있게 됩니다.

아무리 주의해도 티업한 공을 아이언으로 공략하면 저는 훅볼이 많이 나오는데

대개 공을 티업했을 때 공이 떠있다는 걸 의식하고 걷어치려 하기 때문에 그런 결과가 나오는 것입니다.

공이 지면에 떠있다고 우드 때처럼 밑에서 걷어 올려 치려하면 훅볼과 같은 미스샷이 나옵니다.

티업한 공이라도 아이언은 다운 블로 샷으로 공을 쳐박아 쳐주라는 것입니다.

아마추어들은 티업한 공을 아이언으로 공략할 때 디벗자국을 내지 못하고 쓸어치는 것을 흔히 봅니다.

비록 티업한 공이라도 디벗자국이 나도록 철저히 쳐내려가 주라는 것입니다.

그래야만 정확한 거리와 좋은 방향성을 얻을 수 있습니다.

또 한가지 키가 작은 사람이 롱아이언을 잡고 어드레스했을 때 클럽헤드 토우 부분이 지면에 뜨는 것을 볼 수 있습니다.

대개 클럽헤드의 솔 부분을 지면에 일치시키려고 합니다.

그러나 키가 작은 분들이 롱아이언을 잡았을 때 이를 실행하기 위해 자꾸 다가 서서 뻣뻣이 선 자세가 되곤 합니다.

그래서는 좋은 샷을 할 수 없습니다. 설사 토우 부분이 지면에 뜨는 경우라도 정상적인 어드레스 자세를 취해 줍니다.

키가 작은 사람일 수록 그립을 낮게 가져가면 로프트도 높아지고 파워도 붙습니다.

물론 공에 가까이 서는 것이 정확성과 인사이드인의 스윙으로 가져가기 쉬워 파워가 나는 장점이 있습니다만

그렇다고 키가 작은 사람이 무리하게 다가서면 오히려 스윙이 경직되고 거리까지 잃습니다.

키가 작은 만큼 적당히 물러서서 치는 것이 유리합니다. 다만 다운블로우로 깊이 박아치는 것은 무리가 따르게 되니 쓸어치는 타법이 유리합니다.

192

롱아이언 샷 때 무엇보다 중요한 것은 손과 팔의 긴장을 푸는 일입니다.

숏아이언이라면 팔로만으로도 샷이 가능하지만 롱아이언은 몸통 회전의 축으로 볼을 쳐야 하기 때문입니다.

손과 팔이 긴장하게 되면 다운 스윙때 너무 일찍 풀리게 돼서 실패의 원인이 됩니다.

이 손과 팔의 긴장을 풀기 위해 다음과 같은 연습이 좋습니다.

오른손을 왼손 위로 걸친 상태에서 그립을 잡아보는 겁니다.

이런 그립을 사용하면 스윙을 빨리 할 수 없게 되고 클럽의 제어력을 잃지 않게 됩니다.

여기에다 오른손에도 의존하지 않게 되지요.

연습은 항상 볼을 티위에 올려놓은 상태에서 시작하고

백스윙때는 최대한 몸을 틀어주는데 집중합니다.

내려치겠다는 의욕으로 손에 힘이 들어가면 안됩니다.

탑에서 특별히 손에 힘이 들어가지 않게 일관된 악력을 유지해야 합니다.

다운스윙이 시작 되었을 때는 힘의 대부분을 왼손 엄지로 가면서 왼손 리드로 행해져야 합니다.

오른팔은 몸에 밀착시키며 타격순간은 비로 쓰는 동작으로 볼을 쳐내야 합니다.

볼은 약간 오른쪽으로 날아 갈 것입니다. 만약 왼쪽으로 날아갔다면 과도한 오른손의 사용결과 때문입니다.

롱아이언의 경우 스윙순서를 잘못하는 아마추어가 많습니다. 즉, 양발→다리→상체→양팔→손의 순서대로 하지 않고 정반대로 밟아가는 경우입니다.

롱아이언은 손으로부터 시작해서는 성공하지 못합니다. 손은 밑에서부터 시작된 운동의 마지막으로 마무리 히팅순간에 사용하는 느낌이어야 합니다.

손부터 시작되는 스윙은 몸의 회전운동만 있을 뿐입니다.

몸의 측면 운동 즉, 좌우의 운동과 회전운동이 조화롭게 이루어져야 롱아이언은 성공할 수 있습니다.

발부터 시작하는 동작순서에 대한 정확한 감각을 익히기 위해 다음과 같은 발모으기 연습을 해보시기 바랍니다.

어드레스 자세후 왼발을 오른발에 붙입니다.

①

균형을 잃지 않는 한도에서 백스윙을 탑동작까지 크게 가져갑니다.

②

그리고 상체의 긴장을 풀어서 손과 팔의 스윙이 몸 가까이 흐르도록 합니다.

③

이때 타격이 되면서 손과 팔이 하체의 동작을 쫓아가는 느낌이 들어야 합니다.

④

이와 같이 발모으기 연습을 했는데도 볼이 왼쪽으로 날아간다면 오른손에 과도한 힘이 들어갔다는 뜻입니다.

이 연습을 반복한다면 좋은 결과를 얻을 수 있을 것입니다.

볼을 때린 뒤 손과 팔은 하체를 지나쳐 자유롭고 충분한 매듭으로 이어지게 합니다.

⑤

롱아이언 샷의 자신감을
익히기 위해서는
평지에서보다 오르막
경사에서 연습하는 것이
효과적입니다.

이 경우 볼의 뒤쪽
공간이 훤히 트이기
때문에 정확한
타격이 보다
쉬워집니다.

기울기에 대하여
몸을 수직으로 위치
시키는 것을 제외
하면 평탄한 지역과
다를 바 없습니다.

아울러 다운
스윙때 몸무게가
경사의 위쪽으로
이동하기 때문에

몸무게를 정확하게
오른쪽에서 왼쪽으로
옮겨주게 됩니다.

이렇게 오르막 경사에서
연습해서 자신감을 키우는
것이 중요합니다. 그리고
처음에는 티샷부터
연습하고 잔디 위에서
치는 연습으로 들어가는
것이 좋습니다.

롱아이언을 사용해서
안되는 곳은 풀이 긴
러프라든가.
페어웨이 벙커,
그리고 내리막
경사에서 입니다.

앗
탑핑이다.

따닥

아이언 샷 때 잔디를
한웅큼씩 떠내는
다운블로샷이 영
되지 않아요.

탑핑 아니면
뒤땅….

조사장님은
앞서 말한
원심력을 이용한
샷을 못하고
있어서 입니다.

임팩트 순간 스윙
동작을 멈추는
듯한 느낌으로
잡아주는 스윙이
부족합니다.

잡아주는
스윙?

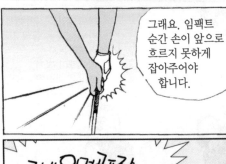

그래요. 임팩트
순간 손이 앞으로
흐르지 못하게
잡아주어야
합니다.

그렇게 손을 잡아 주는
것은 양팔이 쭉 펴져있는
순간입니다. 그런 후
임팩트 이후의 팔로는
헤드 무게에 의해 손이
힘없이 딸려가는
느낌입니다.

멈추듯
잡아준다.

임팩트가
어딘지
모르게 손이
따라 흐르면
안됩니다.

그렇게 되면 강한
다운블로가 되어 소위
박아치는 스윙이 되는
것입니다.

임팩트 순간 밖으로 빠져나가려는 클럽헤드를 손으로 잡아주라고 했습니다.

그렇다고 팔과 손만 잡으려 했다가는 이상적인 임팩트가 되지 못합니다.

바로 왼쪽 어깨 왼쪽 다리에 벽이 있다고 생각하고 같이 잡아주는 것입니다.

우리가 앞에서 무수하게 강조해왔던 왼쪽에 벽을 만들어주라는 그 원리가 바로 여기서도 적용되는 것입니다.

이와 같이 골프는 똑같은 원리를 매일같이 점검하고 반복하는 것이 무엇보다도 중요합니다.

아무리 훌륭한 프로골퍼라도 한달만 쉰다면 자기 페이스를 유지하기 힘든게 골프입니다.

에휴~ 문딩이같은 운동.

그래서 골프는 조금씩 자기의 좋은 스윙이 무너져가는 운동이라고들 합니다. 그 무너져 가는 것을 순간순간 점검해서 막아주는 운동입니다.

제 5 장
페어웨이 우드 샷

장타자가 아닌 골퍼들이나 특히 체형적으로 왜소한 동양인과 여성들에게는 페어웨이 우드의 사용은 불가피 합니다.

장타자들과 대등한 경기를 해줄 수 있는 것은 페어웨이 우드가 있기 때문입니다.

사실 롱아이언을 구사하기란 쉬운 일은 아닙니다.

더구나 페어웨이 우드는 롱아이언보다 높은 탄도의 볼을 구사할 수 있어서 힘이 약한 골퍼들에게는 유용하게 쓰이게 됩니다.

더구나 요즘은 5번이나 7번 우드도 신상품으로 개발되어 다양해졌기 때문에 더욱 편리해졌습니다.

거기다 헤드가 크기 때문에 준 로프지역에 걸렸을 때도 아주 효과가 큽니다.

롱아이언을 이제 거물급 장타자들의 몫으로 남겨두고, 페어웨이 우드 공략법을 익혀 그들과 대등한 경기를 펼치시기 바랍니다.

페어웨이 우드를 사용함에 있어 가장 어려움을 느끼는 것은 스윙폭이 작다는데 있습니다.

이는 폭넓은 수평타격을 구사하기에는 적합치 못하기 때문입니다.

폭넓은 샷을 위해 다음과 같은 연습을 해보시기 바랍니다.

먼저 샷을 할 때의 어드레스 자세를 취하고 양손은 클럽의 손잡이 끝에 얹어주도록 합니다.

그리고 몸을 틀어줍니다. 오른손을 머리 뒤쪽으로 곧장 가져가며 왼쪽 어깨를 턱밑까지 틀어줍니다.

그 동작을 몇번 시도한뒤 정상적인 준비자세를 갖추고 공을 때리되

보통때보다 5cm 앞에 공을 놓습니다.

그리고 공을 정확히 때릴 수 있도록 노력합니다. 물론 처음에는 어려운 일이지만 오른팔을 쭉 뻗어줄 때에만 정확한 타격을 할 수 있다는 것을 느낄 수 있을 것입니다.

그 결과 팔로스로의 스윙폭은 넓어지게 됩니다.

WIDE

페어웨이 우드를 사용할 때 가장 중요하게 생각할 것은 자신이 때려야 할 샷이 어떤 형태의 것인지 결정해야 합니다.

나는 먼저 볼을 왼발꿈치 맞은 편에 두는 것에서부터 시작합니다.

그 지점이 내 스윙의 최저점이기도 하고 클럽이 지면에 대하여 수평상태로 흐르게 되는 지점이기도 합니다.

볼을 너무 뒤쪽에 위치시키면 볼을 밑으로 내려치게 되고

앞쪽에 놓으면 위로 올려치게 됩니다.

백스윙은 폭넓게 가져 갑니다.

어깨가 충분히 돌아 가도록

스윙폭이 좁으면 다운스윙이 날카롭게 형성되어 바람직하지 못합니다.

그리고 가능한한 클럽헤드가 볼을 직각으로 때리도록 신경을 씁니다.

그리고 타격이 되고 난 뒤에도 오른팔이 표적선 위로 쭉 뻗게 해줍니다.

그래야만 좌우로 휘어지지 않는 바른 방향의 볼을 칠 수가 있게 됩니다.

볼이 준러프에 가볍게 묻혀 있을 때는 페어웨이 우드가 최상의 선택이 될 수 있습니다.

페어웨이 우드는 롱 아이언보다 로프트가 크기 때문에 볼을 러프에서 보다 쉽게 꺼내어 먼 거리까지 날려줄 수 있게 됩니다.

이때 필요한 요령은 페어웨이 보다 약간 날카로운 각도로 볼을 내려 쳐야 한다는 점입니다.

'밑으로 내려치며 앞으로 뻗어주자' 는 옛말을 기억 하십시오.

볼을 약간 뒤쪽으로 위치시키고

백스윙을 좀 더 가파르게 가져갑니다.

이를 위해 백스윙 초반에 손목을 꺾어줍니다.

그 다음엔 밑으로 내려치면서 앞으로 뻗어 줍니다. 볼이 있던 지점에서 스윙이 멈추면 안됩니다.

오른팔을 표적선을 따라 앞쪽으로 쭉 뻗어주며 팔로스로로 들어가도록 합니다.

초보자들에게서 많이 발생하는 탑핑은 특히 페어웨이 우드에서 두드러지게 나타납니다.

그래서 후보자들은 아예 페어웨이우드를 잡으려 들지않으려고도 합니다.

그러나 언젠가는 필히 습득해야 할 과제이니 두려움을 버리셔야 합니다.

페어웨이 우드에서 탑핑을 방지하려면 물론 무릎의 높이도 일정하게 유지시켜줘야 하겠지만

백스윙에서나 피니쉬 때 양어깨의 높이가 같아야 합니다.

대개의 골퍼들에게서 백스윙 때 왼어깨가 밑으로 쳐지는 것을 볼 수 있는데 이는 뒷땅이나 탑핑의 원인입니다.

백스윙은 어드레스 자세에서 그대로 몸통만 돌려준다면 어깨가 처지는 일이 없을 것입니다.

다운스윙에서 허리가 평행되게 돌려주지 않으면 피니쉬에서 오른쪽 어깨가 치켜올라가며 탑핑이 발생합니다.

모든 스윙은 어깨의 상하운동이 아니라 좌우운동이 되도록 수평되게 틀어주어 풀어주어야 합니다.

라이가 좋지않은 상태에서의 페어웨이 우드샷은 쓸어서 치기가 어려울 때가 있습니다.

이럴 때는 비록 페어웨이 우드라도 아이언처럼 찍어누르듯 펀치샷을 시도합니다.

이럴 때 공은 평소보다 오른쪽에 둡니다. 2인치 정도면 됩니다.

그리고 클럽 페이스는 오픈 시켜줍니다.

이 경우 클럽을 오픈 시킴으로써 다소 페이드 볼이 되나 빨리 공중으로 떠오르게 하는데 도움이 됩니다.

다운스윙은 스윙아크의 최저점에 오기 전에 공을 히트해 들어갑니다. 따라서 공과 함께 잔디가 뜯어지게 됩니다.

이 경우 거리는 아무래도 다소 부족합니다. 그러나 방향은 크게 나빠지지 않습니다.

페어웨이 우드샷에서 찍어누르듯 펀치샷을 해야하는지 쓸어치듯 해야하는지 잘 모르겠어요.

사실 어느 것이나 가능한 샷입니다. 그러나 결국 제 경우는 라이에 따라 샷을 설정합니다.

우선 라이가 아주 좋은 상태의 공일때 저는 쓸어치듯 합니다.

공은 왼발 뒤꿈치 앞에 둡니다.

그리고 다운스윙때는 스윙아크 최저점에서 클럽페이스를 공에 직각으로 갖다대도록 집중시킵니다.

이렇게 좋은 라이일때 샷을 하면 종종 공이 높이 떠오르거나 훅볼이 발생하는 경우가 많습니다.

그렇기 때문에 임팩트 순간 공과 클럽페이스가 직각이 되도록 집중합니다. 악성훅이 아니면 충분한 거리를 얻는데 만족하겠지요.

페어웨이 우드역시 드라이브와 같은 요령의 샷일텐데 저는 페어웨이 우드는 아예 잡기가 겁이 날 정도이거든요.

물론 스윙요령은 같습니다.

다만 드라이브는 티에 올려놓았기 때문에 공을 치기가 쉬울뿐 헤드 각도로봐서 드라이버보다 페어웨이우드가 쉽습니다.

드라이버는 티에 올려 놓기 때문에 최하점에서 떠올려 치듯 임팩트 하라고 했습니다.

페어웨이우드는 바닥을 빗자루로 쓸어주듯 하는 샷이 되어야 합니다.

그러나 페어웨이우드는 탑핑이나 뒤땅 발생이 높기 때문에 스윙궤도가 높을수록 좋다고 했습니다.

스윙궤도가 높다는건 무슨 뜻인가요?

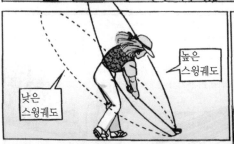

낮은 스윙궤도

높은 스윙궤도

이와 같이 스윙궤도가 높을수록 점(공)에 이르는 확률이 높아져서 뒤땅이나 탑핑의 발생이 적으며, 방향 또한 정확해집니다. 스윙궤도를 높인다는건 공에 가깝게 서는 것을 말합니다.

이크! 뒷땅이다..

퍽

아직 거리가 먼데 스푼으로 쳐보겠어.

아무래도 조사장님은 볼에 클럽헤드를 갖다 대기만하는 스윙이 돼버려요.

거…참 알고있으면서도 잘 안돼서요.

백스윙을 너무 뒤로 낮게 뺍니다.

페어웨이우드를 잡으면 띄우려는 생각에서 멀리 볼을 두기 때문에 백스윙이 낮아지는 겁니다.

페어웨이우드는 가능한 한 볼을 가깝게 잡습니다. 그러면 백스윙은 자연히 높게 올라가게 되죠

흔히 페어웨이우드는 쓸어 내듯이 치라는 것은 이와 같이 쳐내는 것을 중시한 가르침입니다.

뜨걱

뭘하고 있는 거예요? 탁씨.

볼에 최대한 가깝게 서보는 거예요.

핫핫핫

209

드라이버나 아이언에서
탑핑이 많이 발생하는 원인
중에 하나는 너무 지나치게
낮은 자세로 어드레스
한다는 것입니다.

특히 페이웨이우드의
사용법은 자세가 높고
업라이트한 스윙이
좋다고 했습니다.

그래야만 공을
가까이에서 잡기가
편해서 실수가
적어집니다.

플렛 →

← 업라이트

이와 같이 자세를
지나치게 구부려
어드레스한다는 것은
공을 그만큼 멀리 놓게
된다는 뜻입니다.

그리고 낮은 자세는
결국 스윙 때 자기도
모르는 사이에 일어나
게 되어서 탑핑이
나오기도 합니다.

어드레스는 손은 자연스
럽게 내리고 그립앤드가
벨트 근처를 가리키는 높이가
좋습니다. 손의 위치는 눈
바로 아래보다 약간 안쪽이
스무스한 스윙을
가져옵니다.

그리고 스윙 후에도 체중이
오른발에 남아 있으면 몸이
뒤로 뒤집혀지며 떠올려치기
가 되어 탑핑이나
더프가 많아집니다.

체중 ←

세컨샷 할 차례인데 아직 거리가 많이 남았어요.

스푼으로 쳐야지.

어머! 탑이야.

공이 뜨지 않아요. 잘 맞아도 그래요.

어드레스때 공과 너무 멀리 서서 그래요.

이래서는 스윙궤도가 플레트가 되어 공의 머리를 치게 됩니다.

티업된 드라이버는 플레트도 상관없으나 지면에 있는 공은 머리를 때리거나 뒤땅을 치기 쉬워집니다.

지면에 있는 공은 좀더 위에서 히트 시켜야 합니다. 그편이 공을 잡기 쉬워집니다.

그러기위해서는 공과 가까이 섭니다.

그리고 조금 오픈스탠스로 서고

백스윙에서 클럽이 높이 올라가게 됩니다.

클럽이 길거나 비거리를 내고 싶어서 페어웨이우드를 잡으면 공에서 떨어져서 치는 사람이 있습니다. 이래서는 공을 맞힐 수 없습니다.

너무 크게 오픈스탠스로 서면 슬라이스가 나기 쉬우니 약간만…

가까이 서면 불필요한 동작을 하지 않고 몸의 회전만으로 위에서 칠 수 있습니다.

제 6 장

스윙

잘 맞았는데 남자들처럼 멀리 뻗지를 않아.

여성이니까 어쩔 수 없죠 뭐.

이슬기 프로는 그렇지 않잖아요.

그래요 좀더 펀치력을 기를 방법은 있어요.

즉 공뒤에 머리를 남겨두는 타법입니다.

다운 스윙에서 임팩트에 걸쳐서는 몸이 회전하여 목표 방향으로 움직이고 싶어합니다.

그러나 머리는 임팩트후까지 탑의 위치에 남겨두는 겁니다.

다운스윙 이후의 몸의 회전과 탑의 위치에 남아 있으려고 하는 머리가 서로 잡아당기는 힘에 의해 강렬한 펀치력이 생깁니다

어드레스에서 임팩트까지 머리는 항시 공의 후방에 둔다

그럼 다시 티 그라운드에서 출발해요.

나부터 시작이죠?

페이스 끝에 잘못 맞았어.

전 가끔 라운드 후반에 샷이 흔들려요.

체력소모 때문이겠죠.

체력엔 자신 있는데…거참.

피로는 먼저 하반신에 오죠.

그래서 상체만으로 치게 되니까 오른쪽 어깨가 덮이거나 손으로 치게 되죠.

스윙의 기본은 역시 하반신입니다

라운드 도중에 타격이 나빠졌다면 먼저 허리의 리드로 스윙하고 있는지 체크해 봅니다.

또한 그런 때는 클럽을 조금 짧게 잡는 것도 좋습니다.

아랫도리의 안정을 꾀하고 짧게 잡은 클럽으로 샤프하게 스윙하면 잘 맞게 됩니다.

어이쿠
공중볼이다.

티가 다른 때보다
높았어요.

예?

비기너들은 티업할
때 높이가 들쭉날쭉
하는 경우가
많아요.

그랬나?

티의 높이는
헤드에서 공이
반정도 나오는게
표준입니다.

물론 각자의
스윙에 맞춰
다소의 높낮이가
있지만 그 높이는
항상 같아야
합니다.

티의 높이가 같지
않으면 스윙도
변하게 되죠.

예를들면 너무 높은
경우 떠올리는 스윙이
되고, 너무 낮으면
위에서부터 쳐내미는
스윙이 되기 쉽습니다.

항상 같은 스윙을
하기 위해서는
티높이가 일정
해야합니다.

겨우 5밀리미터인
공의 높낮이… 그런
하찮은 것에도 스윙을
망치게 하는 원인이
숨어 있습니다.

PRO
FANTOM
4

자로재서
꼽으면
정확하겠네
뭐.

어이쿠…
드라이버로
뒤땅을 쳤다!

조사장님은 백스윙
에서 오른쪽 어깨가
떨어지는 버릇이
고쳐지지가
않아요.

머리를 움직이지
않으려고 너무
신경을 써요.

하지만 머리는
움직이지
말라고
배웠는데

너무 머리를
의식하면
몸이
돌아가지
않아요.

백스윙에서 머리는
다소 오른쪽으로
움직여도 괜찮아요.

약간 오른쪽을
향하도록 움직이는
편이 어깨가
돌아가기
쉬워집니다.

단, 스웨이가 돼서는
안됩니다. 오른쪽
사이드는 자세를
위한 때와 같은
위치에서 돌립니다.

아주 조금
머리를
움직이는
것만으로
백스윙이 아주
쉬워집니다.

아하!

218

제 경우는 피곤해지면 백스윙에서 회전부족이 되기 쉬워요.

잘 아는군요.

피곤해지면 그냥 되는대로 치게되는 경우가 많죠.

클럽을 오른손으로 휙올리거나 오른손만으로 쳐버립니다.

백스윙에서 어깨가 돌아가지 않는 것은 오른손만으로 치려고하기 때문입니까?

그래요! 평소 잘쓰는 오른손에 의지해 버립니다.

오른손으로 치려고 하면 오른쪽 어깨가 떨어지기만 하는 백스윙이 되기 쉬우며

오른손으로 치기 어려우면 상체만으로 치는 듯한 형태가 됩니다.

아웃사이드인의 커트타법이 되기 쉽죠.

스윙을 리드하는 것은 항상 왼쪽 사이드입니다.

왼쪽 어깨와 왼쪽팔로 클럽을 올림과 동시에 허리와 다리도 따라도는 겁니다.

백스윙을 왼사이드에서 시작하면 다운스윙도 왼사이드부터 내리기 쉬워 집니다.

오른사이드가 필요한 것은 임팩트에서 힘을 폭발 시킬 때 뿐이라고 생각해도 좋습니다.

탑에서부터는 단번에 휘두르지요?

그렇지만 리드하는 것은 원사이드 입니다.

그리고 스윙은 백스윙, 탑, 다운스윙으로 구분짓는게 아니라

어드레스에서 피니시까지 하나의 흐름으로 휘둘러야 합니다.

즉, 어드레스는 백스윙을 올리기 쉬운 자세를 취하고

또한 백스윙은 이상적인 탑이 만들어지도록 올려가고

탑은 다운스윙이 인사이드인으로 휘두르는 형태를 취해야만 합니다.

모든 동작이 다음 동작과 연결돼 있는겁니다.

즉 모두 연결된 한동작의 흐름으로서 취해야만 합니다.

원피스 스윙이란 이런 것 입니다.

궁극적으로 어드레스때 피니시의 형태를 이미지시키고

그 곳에 클럽을 가져가는 것을 염두에 두고 휘두르는 겁니다.

골프 레슨에서 정석의 답을 찾기 위해 골몰하며 애쓰는 골퍼들을 보고 있으면 과연 정석이란 무엇인가라는 의문에 싸이곤 합니다.

세계에서 내로라하는 유명 프로골퍼들은 스윙이 한결같이 똑같은가?

결코 그렇지 않습니다.

스윙머신이란 닉 팔도, 94년 최고 성적의 닉 프라이스

백상어 그랙 노먼, 장타로 유명한 존 델리 등 각자 나름의 스윙을 가지고 있습니다.

모두가 자기의 체형과 특성에 맞게 스윙폼을 개발해서 실전에 사용하고 있습니다.

그렇다면 우리 아마추어 골퍼들도 자기의 특성과 신체 조건에 맞는 샷을 구사하는 노력이 따라야 할 것입니다.

몸이 큰 조사장님의 샷이나 여성인 박여사님, 젊은 탁형의 샷이 결국 다를 수밖에 없고 또 다른 샷을 구사해야 합니다.

우수한 레슨교본이나 정석을 말하는 프로들의 이론은 기본을 말하는 것입니다. 그 기본 이론 위에 자기의 특성에 맞는 스윙을 접목시키는 일이 현명한 일이라고 생각합니다

여성들의 대부분은 다운스윙에서 양쪽 다리를 바르게 사용하는 것을 게을리하기 때문에 거리를 낼 수 있는 기회를 쉽사리 놓치고 맙니다.

클럽 헤드의 속도는 원래 양팔에 의해서 나타나는데

그 팔의 스윙을 가장 효과적으로 추진시키려면 하반신의 고정이 필수적입니다.

이를 위해서는 우선 어드레스 때 양다리에 생기있고 가벼운 긴장감이 넘쳐야 합니다.

처음에 양쪽팔을 백스윙하며 하반신이 따라 갑니다.

그것을 이번에는 하반신이 다운스윙을 리드하는 위치에 있게 하고

이와 같은 바른 순서의 타이밍을 익히는 것이 샷의 거리를 더하는 것입니다.

여성들이여 무릎을 사용하여 거리를 늘려 보시기 바랍니다.

양무릎을 목표를 향해 한껏 잘 누르며 몸의 움직임에 양팔이 따라가도록 재빨리 임팩트 위치로 휘둘러 나갑니다.

대개 여자 골퍼들은 아마추어 남성들에 비해 스윙이 부드럽고 정석에 가까운 스윙법을 익히게 됩니다.

그것만이 약한 힘을 보완하는 지름길이기 때문입니다.

그렇다고 해서 지나치게 정석에 묶일 필요는 없습니다.

일예로 '스윙중에 스웨이 되는 것은 금물이다'

'몸 중심의 축을 고정시켜서 샷을 하라' 는 가르침으로 인해 머리를 고정시키려 애를 씁니다.

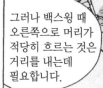

그러나 백스윙 때 오른쪽으로 머리가 적당히 흐르는 것은 거리를 내는데 필요합니다.

백스윙을 크게 하기 위해서는 머리가 약간 흐르기 마련입니다.

그러나 다운스윙에서 클럽헤드가 임팩트권을 최고 속도로써 통과하는 단계에 있을 때 상체는 볼의 뒷쪽에 두는 것이 필수입니다.

때문에 '공뒤에서 공을 쳐라' 고 주문을 합니다.

클럽헤드가 공을 쳐낸 것을 보기까지는 머리를 오른쪽 허리의 뒷쪽에 남겨둔다는 점을 염두에 둡니다.

스웨이가 터부라고 하는 것은 임팩트 전에 머리를 공의 위치보다도 앞쪽으로 내밀기 때문입니다.

적당히 오른쪽으로 움직인 머리를 임팩트 순간 허리 뒷쪽에 남겨둔 꼴로 스윙을 합니다. 많은 거리를 얻게 될 것입니다.

조사장님은
예나 지금이나
스윙에서 몸이
흔들리는 것이
흠이예요.

골프는 좌우로
흐르는 것이
아니라 몸의 축은
고정 시킨채
회전해 주는
운동입니다.

축이 무너지지
않는 연습방법이
없을까요?
아무래도 잘
안되는데

우선 양발을
가지런히 모아
보세요.

발을 모으고 가볍게
스윙을 해보도록
하십시오.

균형이 무너지지
않는다면 축이
움직이지 않는 잘
된 스윙입니다.

올바른 스윙이란 몸의 축을 중심으로 한 회전운동이라고 하는데

몸의 축은 머리에서 발 끝까지를 고정시키는 것인가요?

대개 몸의 축이 움직이지 말라고 머리를 잡아두고 스윙하는 연습을 시키고들 있지요.

그러나 머리를 움직이지 않고 스윙을 한다는 것은 여간 어색하지 않습니다.

스윙이 경직되어 좋은 샷을 할 수 없습니다.

몸의 축은 머리가 아니라 등뼈라고 생각하고 그 축이 흔들리지 않게 해주는 것이 좋습니다.

때문에 머리가 조금씩 움직인다고 축이 움직이는 것은 아닙니다.

이 연습을 위해 오른팔을 수평으로 두어 손가락 끝을 벽에 댑니다.

그 다음 오른손가락을 댔던 부분에 왼손을 댑니다. 이때 머리가 약간 움직이지만 축은 무너지지 않았습니다.

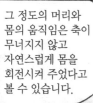

그 정도의 머리와 몸의 움직임은 축이 무너지지 않고 자연스럽게 몸을 회전시켜 주었다고 볼 수 있습니다.

축을 지나치게 의식해서 머리를 고정시키면 오히려 경직된 샷이 나옵니다.

우드샷과 아이언샷의 차이는 그 클럽의 길이가 다른 만큼 스윙 궤도의 원도 달라져 차이가 있게 마련입니다.

때문에 우드는 평평하게 아이언은 수직으로 내려치는 스윙을 하라고들 합니다.

그러나 앞서 말한 것처럼 인위적으로 스윙을 달리 할 필요는 없습니다.

억지로 스윙을 달리 하려하면 모든 스윙감을 잃어버리기 쉽습니다.

우드나 롱아이언은 클럽이 길기 때문에 자연히 스윙은 평평하게 이루어집니다.

반면 길이가 짧은 아이언은 수직으로 내려치는 스윙 같이 보입니다.

이처럼 공이 멀리 있고 가까이 있고의 차이에 의해 서로 다른 모습의 스윙이 되긴 합니다만, 일부러 그것을 의식해 다른 샷을 해서는 미스가 나올 확률이 많습니다.

좋은 스윙이란 헤드의 원형 궤도가 일정한 것을 말합니다.

이 원형을 일정하게 해주기 위해서는 팔만으로 올렸다 내려서는 만들어 지지 않습니다.

즉 몸의 축을 고정시키고 양어깨를 회전시켜 주어야 스윙 궤도가 좋아지는 것입니다.

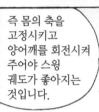

이 스윙을 익히기 위해 양발을 가지런히 모으고 백스윙을 해보라고 했습니다.

이때 가슴과 배를 목표 방향 반대쪽으로 완전히 돌려주고 어깨는 턱에 닿아야 합니다.

그 다음 비틀었던 몸을 되돌리면서 헤드 무게를 이용하여 클럽을 휘둘러 내립니다.

이때 무릎을 구부린다거나 가슴을 젖혀서는 안됩니다.

오른쪽 어깨를 턱 밑까지 돌리고 완전한 좌향좌의 자세를 취합니다.

이렇게 균형을 잃지 않고 스윙을 할 수 있다면 좋은 스윙이 된 것입니다. 완전히 내것이 되도록

반복 연습을 해야 스윙의 축이 흔들리지 않고 체중 이동은 잘 되는 좋은 스윙을 할 수 있습니다.

으악…
이건 또 무슨
공이 이래!

피니쉬에서 어깨가
벌어지지 말라고
리스트 턴을
했더니…

리스트 턴의
손목 돌리기는
의식해서 돌려
주는 것이
아닙니다.

연습을 위해 왼손
하나만으로
클럽을 잡아서
휘둘러 봅니다.

멈추는 느낌

임팩트 때의
손등은 목표방향
으로 향해야
합니다.

그 다음 헤드가
가는대로
맡겨두면 임팩트
이후 손목은
자연히 돌아가는
것을 알 수
있습니다.

이래서 팔꿈치를
굽혀서는
안됩니다.
왼팔은 뻗은
상태에서 헤드
무게에 끌려
버립니다.

리스트 턴은 임팩트
이후에도 계속
왼팔에 힘이 남아
있으면 이루어지지
않는 것입니다.

스윙 도중 내내
왼쪽 겨드랑이는
붙어 있는
느낌이어야
합니다.

그걸 알기 위해 왼쪽
겨드랑이에 장갑
따위를 끼우고 스윙을
해서 떨어지지 않도록
해주는 연습을 하기도
합니다.

다운스윙에서 헤드가 내려오는 방향이 가지각색이라고 했는데 상급자인 탁형조차 그러니 나같은 비기너는 더욱 심하겠죠.

그래요. 항상 너무 인사이드로 내려 오거나 너무 아웃사이드로 내려옵니다.

역시

인사이드로 치우치면 뒤땅

아웃사이드일 때는 슬라이스가 됩니다.

사람에 따라 다르나 대개 아웃사이드의 경향이 강합니다.

나는 슬라이스가 잘 나는데 아웃사이드로 내려오는 모양이로군요.

연습장에서 칠 공의 바로 위아래에 공을 두개 놓습니다.

20m

이 경우 안쪽에 놓을 공의 위치에 주의해 주십시오.

스윙궤도는 인사이드인이니 그것을 감안하여 약간 안쪽에 놓습니다.

그리고는 앞의 공을 치는 겁니다.

위쪽의 공이 맞을 것 같으면 아웃사이드로 내려오는 걸 알 수 있습니다.

또한 안쪽의 공에 맞으면 인사이드로 치우쳐 휘두른 것을 알 수 있습니다.

이런 연습으로 자신의 스윙 경향을 알수 있어 대책을 세울수 있죠.

위험하므로 주위에 사람에 없을 때 친다.

여기서 한번 해봐야지

왓! 세개가 모두 날아갔어.

이건 어떤 경향이죠?

내리막인데다 휘면 안되는 공이니까 신중하게 쳐야지.

앗! 뒤땅이다.

다운스윙에서 허리가 끌려갔어요.

신중하게 치려고 한 것은 좋지만 스윙 중에 몸을 움직이지 않으려고 탑의 위치에서부터 몸을 회전시키려고 했어요.

그래서 체중이 오른쪽 다리에 남아 뒤땅이나 슬라이스의 원인이 됩니다.

탑에서 다운 스윙에 들어 갈 때는 하반신이 리드 합니다.

상체로 부터 치려고 하면 오른쪽 다리에 체중이 남게 됩니다.

NO

체중

때문에 먼저 체중을 왼쪽다리에 실어갑니다.

왼쪽 허리를 비구선 방향 으로 내미는 느낌으로 다운스윙을 시작 합니다.

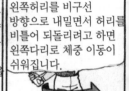

왼쪽허리를 비구선 방향으로 내밀면서 허리를 비틀어 되돌리려고 하면 왼쪽다리로 체중 이동이 쉬워집니다.

이는 스웨이하고는 다릅니다. 스웨이는 허리와 함께 상체도 왼쪽으로 흘러 버리고 마는데 이것은 안됩니다.

NO

상체는 탑의 위치에서 움직이지 않습니다. 다운스윙에 들어가는 신호로 먼저 허리를 비구방향으로 움직여 체중이동을 하기 쉽게 해줍니다.

체중을 왼쪽다리로 이동시키면서 허리를 비틀어 되돌리고 손(상체)은 그것을 뒤쫓아가듯 내려옵니다. 이것이 하반신의 리드에 따른 다운스윙 입니다.

체중이동이란 백스윙에서 오른다리, 다운스윙에서 왼다리로 체중을 옮기는 것이죠?

그렇습니다 만….

의식적으로 오른쪽, 왼쪽하며 체중을 옮기려고 하는 것은 좋지 않습니다.

！

체중이동만을 생각하면 중요한 몸은 돌아가지 않습니다.

또한 스윙축도 무너지기 쉽습니다.

체중이동을 생각하지 않아도 허리를 돌림으로써 체중은 오른쪽 다리로 옮겨 갑니다.

허리를 돌려보세요.

그래요. 되는군요.

허리를 비틈으로써 자연히 체중이 오른쪽 다리로 옮겨갑니다.

허리를 돌리면 스윙축도 무너지지 않습니다.

이때 주의할 것은 오른다리의 안쪽에 힘을 모아 바깥쪽으로 힘을 빼앗기지 않도록 하는 겁니다.

다운스윙도 같습니다. 허리를 돌림으로써 체중은 자연히 왼쪽 다리로 옮겨갑니다.

이때, 왼쪽 다리의 안쪽에 힘을 모읍니다. 바깥쪽에 모으면 힘이 도망가 버립니다.

체중이동이 잘
됐는지의 여부는
피니시로 알 수
있습니다.

체중은 모두
왼쪽다리에 싣고
오른쪽다리는
몸을 지탱하고
있을 뿐 입니다.

몸은 완전히 돌아
배꼽이 목표를
향합니다.

몸을 회전시킴에
따라 체중을 왼쪽
다리에 실은
결과입니다.

다운스윙에서
체중을 왼쪽
다리에 실으려면

팔로우에서 오른쪽
다리를 한발 앞으로
내는 연습방법이
있었습니다.

이 연습에서도 알 수
있듯이 다운스윙에서는
먼저 마음껏 체중을
왼쪽다리에 싣습니다.

그리고 몸의 왼사이드를
회전시켜 크게 휘두르면
위의 그림과 같은 이상적인
피니시가 됩니다.

파워 있는 공을
치려면 체중이동은
불가피합니다.

그러나 먼저 몸을 돌리는
일이 중요합니다. 몸을
돌림으로써 체중은 자연히
오른쪽 그리고 왼쪽으로
이동한다고 생각하는 편이
좋겠지요.

백스윙에 들어가는 타이밍은 알았지만

탑에서부터 내려치는 타이밍은 잘모르겠어요.

스윙은 하나의 흐름이므로 어딘가에서 끊어치는 것은 좋지 않습니다.

탑에서도 마찬가지… 탑에서 멈출 필요는 없습니다.

그 탑의 위치입니다만 어디가 탑이고 언제 내려오는 것인지 모르겠어요.

손의 방향을 의식하니까 그런 생각을 하는 것입니다.

손은 잊어버리고 몸을 회전시키는 일을 의식합니다.

어깨 허리가 더 이상 돌아가지 않는다고 할때까지 돌리면 손의 위치는 저절로 결정됩니다.

그것이 탑이로군요

NO

예, 오버스윙이 되는 사람은 손만 가지고 올리려고 하는 사람에게 많습니다.

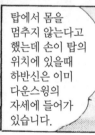

탑에서 몸을 멈추지 않는다고 했는데 손이 탑의 위치에 있을때 하반신은 이미 다운스윙의 자세에 들어가 있습니다.

그리고 오른쪽다리에 있는 체중을 왼쪽 다리로 옮기는 순간이 탑에서부터 내려치는 타이밍이 됩니다.

즉, 손이 아닌 하반신으로 이 타이밍을 잡는 것입니다.

스윙 리듬은 손으로 만드는 것이 아니라 하반신으로 만든다고 해도 좋겠지요.

컨트롤샷. 즉 펀치샷이 7할 크기의 스윙인데 가볍게 치는것과는 다릅니다.

하반신을 견고히 하고 어깨를 충분히 돌려 임팩트에 서도 힘을 빼지 않습니다.

발바닥을 붙이고 친다 뒤꿈치를 들면 축이 움직이기 쉬워진다.

백스윙에서 뒤꿈치를 들지 않는다.

컨트럴샷이라고 해서 가볍게 치려고 하면 손으로 치게 돼 미스를 범하기 쉽습니다.

NO

그렇다고 힘이 들어 가서는 안됩니다.

특히 하반신을 견고히 하고

시종 스윙을 리드하는 것은 하반신 입니다.

"펀치샷은 허리로 친다"라고 할 정도로 하반신이 중요합니다.

펀치샷 스윙은 헤드를 공에 부딪히고 끝나는데 헤드를 멈출 수 있는 것은 허리를 단단히 해 놓았기 때문 입니다.

또한 스윙후 왼쪽팔꿈치를 빼는 동작도 허리가 들어간 임팩트로 가능해 집니다.

휘청거리는 하반신으로 펀치샷은 칠 수 없습니다.

펀치샷은 기본적인 스윙이 돼 있지 않으면 힘듭니다.

다시 말해 펀치샷 연습을 함으로써 스윙의 기본적인 동작을 마스터 할 수 있습니다.

앗! 슬라이스다.

슬라이스는 이미 졸업했다고 생각했는데….

탁씨는 아직도 구질이 안정되어 있질 않았어요.

때때로 탑에서 오른쪽 팔꿈치가 바깥을 향하고 있어요.

탑에서?

탑에서 오른쪽 팔꿈치가 바깥을 향하면 클럽을 인사이드로 부터 내리는 것이 어렵습니다.

NO

헤드 궤도가 일정하지 않습니다.

탑에서 오른쪽 팔꿈치는 아래로 향하고 있으면 헤드는 항상 같은 궤도를 지나 내려옵니다.

오른쪽 팔꿈치를 바깥으로 향하게 하지 않으려면 백스윙에서 오른쪽 겨드랑이가 열리지 않도록 올립니다.

YES

오른쪽 겨드랑이가 열리면 오른쪽 팔꿈치도 떠버립니다.

조인다

NO

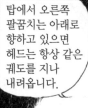

잘 맞았는데 좀 더 비거리가 났으면 좋았을걸.

저 만큼만 날아가도 어딘데….

조사장님 보다야 멀리 날았지만 난아직 팽팽한 젊은 놈 이잖아요.

사사건건… 노인네 취급하네.

230야드정도 비거리에서 250야드를 날리려면 역시 힘을 모으는 스윙이 필요합니다.

다운스윙에서 콕을 푸는 것이 너무 빨라요.

No

좀더 그대로 탑에서 콕을 인사이드로 끌어 내리세요

왼손 새끼손가락으로 클럽헤드를 끌어 내리는 느낌입니다.

그립끝을 공을 향해끌어 내린다.

자연히 왼쪽 겨드랑이가 조여져 콕을 유지한 채 인사이드로 부터 휘두를 수가 있습니다

이렇게 하면 힘이 충분히 모아져서 임팩트 존에서의 리스트 턴에 의해 강렬한 펀치력이 생겨납니다.

단, 오른쪽 어깨가 떨어 지는듯한 다운스윙이 되지 않도록 주의 합니다.

오른쪽 팔꿈치가 오른쪽 겨드랑이를 문지르듯이 내려온다.

역시 거리가 안나는군. 내 나이가 되면 비거리는 무리인가.

백스윙에서 보다 강하게 몸을 비틀 필요가 있습니다.

나는 몸이 굳어 잘 돌아가지 않는데….

몸이 굳거나 배가 나온 사람은 백스윙에서 왼발뒤꿈치를 올려 몸의 비틀림을 보조해 주도록 합니다.

몸을 마음껏 비틈으로써 최대의 비거리를 낼 수 있습니다.

몸을 비틀고도 왼쪽 어깨가 떨어져 있기만한 사람을 볼 수 있는데 이래서는 힘이 나오지 않습니다.

탑스윙에서의 자세는 잔뜩 감겨진 태엽과 같습니다.

왼발뒤꿈치를 올림으로써 왼쪽 어깨의 떨어짐을 막아 양어깨를 수평으로 강하게 돌아가게 합니다.

왼발 뒤꿈치를 올려도 그것이 스웨이를 불러서는 무의미합니다. 오른쪽으로 움직이려고 하는 몸을 오른쪽 넙적다리 안쪽으로 단단히 버팁니다.

어이쿠! 또 슬라이스다.

조사장님은 손과 몸이 따로 움직입니다.

손과 몸은 일체가 되어 돌아가야 합니다.

예를 들면 임팩트에서 그립앤드의 방향이 바깥쪽을 향하고 있습니다.

임팩트에서 팔로우에 걸쳐 그립은 몸의 중심 즉. 배꼽을 가리키고 있어야 합니다.

이때 몸의 파워가 클럽헤드에 전부 전달되는 것입니다.

이런 연습을 해보세요. 양손의 클럽 간격을 20cm정도 떨어트려 쥐고

20cm

스윙지점인 그립앤드가 배꼽을 향하면서 왼손리드를 휘두르는 겁니다.

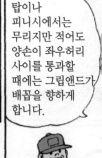

탑이나 피니시에서는 무리지만 적어도 양손이 좌우허리 사이를 통과할 때에는 그립앤드가 배꼽을 향하게 합니다.

이렇게 하면 그립(손)과 몸의 연동성을 파악할 수 있습니다.

나이스샷

좀더 거리가 났더라면….

그래요.

조사장님은 백스윙에서 어깨나 팔에 힘이 너무 들어가 있습니다.

탑까지 스윙은 부드럽고 가볍게 어깨를 돌리는 겁니다.

단지 몸을 지탱해주는 하반신에는 힘이 들어가 있어야 하지만….

백스윙에서 힘이 들어가면 임팩트 전에 힘을 너무 사용해 버립니다.

힘

또한 일반적으로 탑에서부터 치려는 마음으로 힘이 들어가 있습니다만

다운스윙에서 힘을 넣는 것은 손이 어깨까지 내려왔을 무렵입니다.

이곳에서 처음으로 힘을 넣는다.

헤드스피드가 최대가 되는 것은 임팩트 후라는 생각으로 휘두르는 것이 좋겠지요.

이곳이 최대 스피드가 되도록 휘두른다.

왓…생크다.

비기너같은 실수를 하는군요.

공을 정확하게 못때렸어요.

왠지 백스윙이 맘에 들지 않는데 멈출 수가 없어요.

내 경우는 백스윙이 기분 좋으면 잘 맞아나가는데

맞습니다. 백스윙에서 샷은 결정된다고 봐도 좋습니다.

탁씨 경우 힘이 넘쳐 백스윙에 너무 힘이 들어가 있습니다.

백스윙은 특히 부드럽게 올려야 합니다.

콕킹

평소의 반정도의 힘으로 올린다고 생각하고 올리면 탑에서의 콕킹도 기분좋게 느껴지면서 다운스윙때 스피드도 살아날 뿐 아니라 공도 정확히 잡을 수 있게 됩니다.

스윙 템포가 원만히
이루어진 뒤에는
균형이 잘 잡히게
마련입니다.

이 균형 유지를
위하여
전환동작을
매끄럽게
가져가야 합니다.

동작이 전환되는 부분, 즉
백스윙에서 다운스윙으로
바뀌는 부분에서 템포의
급격한 변화가 초래되기
쉽습니다.

이 전환되는
동작에서 스윙
템포를 매끄럽게
가져가도록
노력합니다.

너무 느리지도
너무 빠르지도
않게 백스윙을
가져 갑니다.

너무 느리면 급속히
다운스윙으로
이어지기 쉽고 너무
빠르면 제어력을
갖추기 어렵습니다.

이 두 경우 모두
다운스윙이 시작될 때
몸과 클럽의 조화가
파괴되고 맙니다.

클럽이 몸보다
빨라서는 안되고 몸이
클럽보다 빨라서도
안됩니다. 그렇게 되면
필연적으로 매듭 동작
때 균형이 파괴되어
어설픈 샷이
나오고
맙니다.

NO

매끄러운 스윙 템포를 파악하기 위해 다음과 같은 연습 방법이 있습니다.

우선 정상적인 스탠스를 취한 뒤 양발이 거의 붙을 정도로 발을 모웁니다.

이 자세에서 샷을 몇번 시도해 봅니다.

이는 오직 매끄러운 백스윙만이 볼에 대한 정확한 타격을 할 수 있게 해준다는 걸 알 수 있습니다.

몸을 가운데 위치시킨 후 가운데 축(척추)을 중심으로 회전동작을 적절히 취할 수 있다면 아주 템포가 뛰어나다고 할 수 있습니다.

너무 빨리 휘두르게 되면 오른쪽으로 기울어지며 뒤로 넘어지게 됩니다.

NO

골프 스윙에서 가장 중요한 것은 원심력을 이용하는 스윙이 돼야 한다는 것입니다.

특히 임팩트의 요령을 터득하지 못한 분들이 거리를 내지 못할 때 한번쯤 생각해봐야 하는 것이 원심력입니다.

우리가 추를 실에 꿰어 한번 돌려봅시다.

이와 같이 원심력이란 중심에서 밖으로 나가려는 힘을 말합니다.

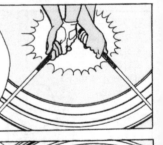

골프 스윙도 가볍게 잡는 그립이 축이고 클럽헤드가 밖으로 나가려는 힘을 가진 추라고 생각해 봅시다.

스윙에서 백스윙 다운스윙 팔로를 한다고 해도 이 원심력의 느낌은 항상 유지해야 합니다.

분명 팔과 손으로 원을 그려 스윙을 하고 있지만 원 밖으로 나가려는 헤드를 그립이 잡아주는 느낌이 되어야만 힘있는 스윙이 가능한 것입니다.

파5, 롱홀이다.

나 정도 장타자는 롱홀은 버디를 노려야지….

우왓! 러프다.

전 가끔 이런 볼이 잘 나오거든요. 혹볼도 아닌데 아예 방향이 왼쪽으로 날아가니….

그렇다고 스탠스가 잘못된 것도 아닌데.

탁형은 힘이 많이 들어갈 때 몸의 턴 동작과 팔의 다운스윙 때 리듬이 맞지 않아서 그렇습니다.

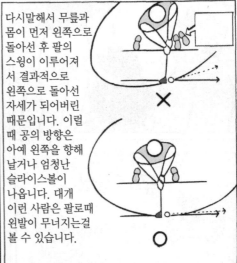

다시말해서 무릎과 몸이 먼저 왼쪽으로 돌아선 후 팔의 스윙이 이루어져서 결과적으로 왼쪽으로 돌아선 자세가 되어버린 때문입니다. 이럴 때 공의 방향은 아예 왼쪽을 향해 날거나 엄청난 슬라이스볼이 나옵니다. 대개 이런 사람은 팔로때 왼발이 무너지는걸 볼 수 있습니다.

날아가는 공의 구질로부터 배운다고 했습니다.

물론 클럽 페이스에 똑바로 직각으로 맞혔을 때는 공이 똑바로 날게 됩니다.

골프는 인사이드 인의 스윙이라고 했습니다.

그러니까 임팩트 순간 클럽페이스가 직각이 되어야만 똑바로 날게 되어 있습니다.

클럽페이스가 직각이 된 샷의 임팩트 순간
(똑바로 난다.)

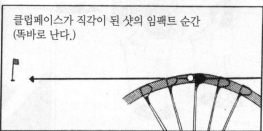

페이스가 오픈된 상태
(슬라이스)

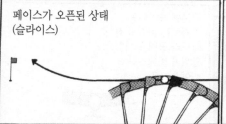

페이스가 닫힌 상태
(훅 발생)

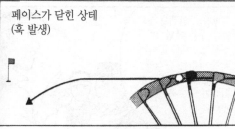

이와 같이 같은 인사이드인의 스윙이라고 해도 손목 풀림이 늦고 빠름에 따라 구질이 변합니다.

이와 같이 임팩트 순간 클럽페이스의 각도에 따라 구질이 차이가 난다는 걸 명심해서 대처하는 현명함을 라운드 도중 잊지 말아야 즉시 교정이 가능하게 됩니다.

247

아이언샷의 임팩트와 드라이브샷의 임팩트는 다른 것 입니까?

엄밀히 다르다고 말할 수 있습니다.

드라이브샷은 임팩트 보다 스윙궤도로 친다고 말합니다.

큰 스윙의 아크속에 공이 놓여져 있어 맞아 나가는 느낌입니다.

그렇다고 임팩트가 없는 것은 아닙니다. 스윙궤도에서 공이 맞아 나가는 순간에 클럽궤도의 스피드가 최대가 되도록 해주는 것이죠.

때문에 드라이브 임팩트는 순간의 점이 아니라 공이 놓여있는 앞뒤가 임팩트라고 봐야겠지요.

반면 아이언의 임팩트는 점이라는 느낌이어야 합니다.

때문에 드라이브의 임팩트는 흐른다는 느낌이고 아이언의 임팩트는 멈춘다는 느낌입니다.

강하게 내려와 박힌 아이언 헤드는 임팩트 순간 멈춘다는 느낌이 들 정도 입니다.

저는 엉덩이가 가끔 빠진다고 지적을 받는데 오른쪽 엉덩이를 공에서 멀리 빼주면 더 나쁜 결과를 초래하는게 아닌가요.

엉덩이를 돌려준다는 것과 빠지는 것은 다른 의미입니다.

백스윙때 엉덩이가 빠진다는건 곧 옆으로 밀려나 스웨이가 되는 것이지요.

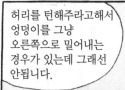

허리를 턴해주라고해서 엉덩이를 그냥 오른쪽으로 밀어내는 경우가 있는데 그래선 안됩니다.

스탠스와 무릎은 꽉 고정시킨 다음 몸의 흐름이 없이 그냥 돌려주기만 하면 되는 것이지요.

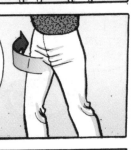

엉덩이를 돌려주라고 해서 옆으로 빼는 것과 같이 느끼시면 곤란합니다.

스탠스와 무릎을 꽉 고정 시키고 허리를 돌려만 준다고생각합니다. 몸이 꽉 조여지면서 오른다리에 팽팽한 힘이 들어감을 느낄 것입니다. 그걸 풀어주면서 다운스윙에 들어 갑니다.

아니 조사장님. 어드레스 때 왜 클럽헤드끝인 토우에 공을 견주는 거죠?

예…자꾸 클럽헤드 안쪽에 공이 맞아서 멀리 서는 것이죠.

페이스 중심부분에 맞지않고 이렇게 안쪽에 맞거든요.

그렇다고 멀리 서서 문제를 해결해선 곤란하지요.

오른쪽 어깨가 앞으로 나오면서 깊게 맞는 결과를 가져오는 것입니다.

오른쪽 어깨가 앞으로 딸려나오지 않게 잡아두고 스윙을 하세요. 그래야 인사이드 아웃의 스윙궤도가 되며 헤드중심 부분에 맞게 됩니다.

조사장님처럼 페이스 안쪽에 자꾸 공이 맞는 사람중에 오히려 더 깊이 어드 레스 하는 걸 본적이 있습니다.

스윙에 이상이 생겼을 때 그 근본원인을 파악해서 수정해 나가야지, 변칙적인 수정은 스윙자체를 망가뜨리기 쉽습니다.

그만큼 더 가까이 서서 스윙을 노리라는 겁니다. 어쨌든 오른쪽 어깨를 잡아주는 스윙을 가져가세요

스윙을 너무 복잡하게 생각하여 템포를 그르치게 되는 경우가 종종 있습니다

모든 것을 단순하게 생각하며 스윙해 보도록 하세요

오직 어깨의 회전에만 집중해 보시기 바랍니다

먼저 절반 정도의 속도로 스윙을 해봅시다

그러면서 모든 부분이 조화롭게 움직이는 것을 점검해 보세요

나의 경우 탑동작 때는 왼쪽어깨를 턱 밑으로 끌어준다는 느낌으로 동작을 취합니다 그렇게 하면 어깨가 완전히 돌아가면서 클럽이 제 위치에 놓이게 됩니다.

클럽이 아래쪽으로 이동하여 공을 향하게 될 때는 지금까지와 반대로 오른쪽 어깨를 턱밑으로 틀어주는 것입니다.

이런 동작을 연습시 거울 앞에서 절반정도의 속도로 반복해 보시기 바랍니다.

단순한 동작에서 스윙의 템포를 쉽게 찾을 수 있을 것입니다

251

굿샷!

헤헤… 거의 완벽한 스윙이었다고 느꼈는데요

좋았어요.

그러나 탁형은 스윙템포에 대해 좀 더 연구해야 발전이 있습니다.

백스윙은 빨리 올리고 다운 스윙은 느리게 내려오는 사람이 있습니다.

백스윙은 천천히 올리고 다운 스윙이 빠른 사람이 있는데…

그렇게 백스윙과 다운스윙의 템포가 달라서는 좋은 샷을 할 수가 없습니다. 리듬을 잃기 때문 입니다.

대개의 프로선수들이 레슨을 할 때 백스윙을 천천히 올리라고 주문합니다.

그리고 자신들은 빠른 백스윙을 하는 것을 볼 수 있지요.

그것은 그들만의 스윙템포를 갖고 있기 때문입니다.

스윙이 빠르든지 늦든지 간에 백스윙과 다운스윙은 같아야 리듬을 타서 좋은 샷을 할 수 있습니다.

프로선수들의 샷과 아마추어의 샷이 다른 점의 하나가 스윙궤도 입니다. 즉, 대개의 프로들은 업라이트스윙을 하고 있는데

그렇습니다.

아마추어들은 스윙궤도가 대개 아래로 처지는 경우가 많습니다

이는 몸이 약간 비대하고 몸의 회전이 잘 안되어서 나타나는 현상이라고생각 됩니다.

그러나 업라이트나 플렛이나 바른 스윙 궤도 아니면 상관이 없습니다.

그러나 업라이트 스윙이 정확도나 파워면에서 단연 유리합니다.

업라이트

업라이트 스윙은 손목을 써서 백스윙을 해서는 이루어지지 않습니다.

업라이트 스윙은 손목의 동작을 최소화 하고 왼팔동작이 주가 되어야 합니다.

팔로 클럽을 치켜올리기 시작 하자마자 몸과 어깨의 회전이 따라주어야 합니다.

이때 왼쪽 어깨는 턱밑에 와야하고 손이 어깨 높이에 올라올 때까지 왼손 등은 업라이트한 스윙궤도와 직각이 되게 합니다

그리고 비로소 손목의 코킹을 해야 합니다.

이런 다음 클럽페이스를 움직 이지말고 힘을 실어 클럽을 끌어내려 공을 잡아갑니다.

골프는 하체가 튼튼해야 좋은 스윙을 할 수있다고들 합니다.

물론 맞는 말입니다.

치고 난 다음 피니시가 깔끔하지 못하고 자세가 흐트러져요.

그러나 아무리 튼튼한 하체를 가진 분이라해도 스윙도중 하체가 무너지는 것을 볼수 있습니다.

하체가 무너져서는 결코 좋은 스윙이 나올수 없습니다.

하체가 무너지는 사람들은 대개 체중이동을 제대로 하지못한 때문입니다.

체중이동이라 함은 백스윙때 오른발에 걸친 체중을

다운스윙때 왼다리로 옮겨주는 것을 말합니다.

완벽한 체중 이동을 위해 가장 중요한 것은 오른발입니다.

어드레스때부터 오른발에 견고한 부착감을 느껴야 합니다.

그리고 다운스윙때 뒤틀린 허리부터 되돌려 주며 왼다리에 마음껏 체중을 걸쳐줍니다. 백스윙때 오른발에 체중이 걸치지 않았으면 왼다리에 체중을 실어주기가 쉽지 않습니다.

그리고 백스윙때 확실히 오른발에 체중을 실어주되 무릎이 정면을 향한 그 자세가 무너져서는 안됩니다.

백스윙때 오른다리에 체중을 걸치고

다운스윙때 왼다리로 옮겨준다.

체중이동은 잘된것 같은데 슬라이스 볼이 나왔어.

박여사께선 체중이동을 하면서 몸이 스웨이되고 있습니다.

백스윙때 오른다리에 체중을 걸치는 건 좋은데 몸도 따라 움직이고 있어요. 물론 피니시땐 왼쪽으로 또 흐르고 있고

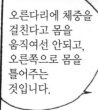

오른다리에 체중을 걸친다고 몸을 움직여선 안되고, 오른쪽으로 몸을 틀어주는 것입니다.

이때 양무릎은 정면을 향하게 합니다. 무릎 위쪽만 틀어준다고 생각하세요.

다리전체까지 오른쪽으로 돌아가려는 것을 발바닥 힘과 무릎으로 막아준다는 느낌입니다. 이럴때 하체엔 꽉 조이는 듯한 힘같은 것을 느낄 것입니다. 그 조여오는 힘을 다운스윙때 풀어주면 되는 것이죠.

하체가 무너지지 않는 완벽한 피니시를 위해 가장 중요한 하체이동은 다운스윙때입니다.

백스윙때 오른다리에 체중을 걸치며 뒤틀어준 상태에서

다운스윙을 시작할 때 팔이나 상체부터 시작해서는 안됩니다.

다운스윙은 하체 즉 허리부분과 무릎으로 시작해 들어가야 합니다.

그리고 탑에서 콕킹된 손을 풀지않고 그대로 몸에 붙여 팔을 내려와야 합니다.

임팩트때는 어드레스 자세로 돌아오는데 이때 하체부터 이동시킨 체중은 왼다리에 다 걸쳐있어야 합니다.

탑에서 다운스윙 들어갈 때 하체부터 시작해 보세요. 체중이동이 쉬워지면서 훨씬 안정된 피니시를 만들어 갈 수 있을 것입니다.

체중이동이
잘안되는 이유중
하나가 백스윙시
왼쪽 엉덩이를
앞쪽으로 내보내는
경우입니다.

이런 상태는
백스윙을 해도
체중이 왼발쪽에
그냥 남아있게
되고

공을 치려면 자연히
몸을 반대로 젖힐수
밖에 없어서
오른발쪽에 체중이
남습니다.

체중이동은
백스윙시
오른발목에 실린
체중을 앞쪽으로
내보내주는
일입니다.

이런 정확하고 완벽한
백스윙을 만들려면
우선 클럽을 쥔채
바로 서서 팔을
어깨높이까지
뻗어줍니다.

그런 다음 왼쪽
어깨를 턱밑으로
돌려서 넣어봅니다.

그것만으로 오른
발에 체중이
실리게 됩니다.

그런 다음 무릎을
앞쪽으로 구부려주고
상체만 약간
숙여주면 완벽한
백스윙이 이루어진
것입니다.

그대로 볼을
히팅해 보세요.
자연스레 왼발
쪽에 체중이
옮겨지는 것을
느끼게 될 것
입니다.

으악! 생크다.

요즘 들어 이상하게 생크가 많이 나와요.

생크란 클럽헤드 힐 부분에 공이 맞는 것을 말합니다.

오른팔을 너무 강하게 쓴다거나 몸의 중심이 흐트러졌을 때 생크는 자주 발생됩니다.

오른팔에 너무 힘이 들어가서 앞으로 내밀 때 클럽헤드도 앞으로 나와서 힐 부분에 공이 맞습니다.

또한 몸의 중심이 다운스윙 순간 앞으로 쏠릴 때 생크가 발생합니다.

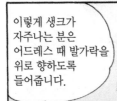

이렇게 생크가 자주나는 분은 어드레스 때 발가락을 위로 향하도록 들어줍니다.

이렇게 발가락을 든 상태에서 스윙을 해주면 몸이 앞으로 쏠리는 걸 막을 수 있습니다.

생크가 났을 때는 오른팔을 너무 강하게 썼다든지 몸이 앞으로 쏠렸다는 것을 빨리 파악해야 합니다.

아이언샷이나 우드샷때 클럽헤드 정 중앙에 볼이 맞질 않고 끝쪽이나 안쪽에 볼이 맞아 고민하시는 분들이 있습니다.

이는 물론 볼을 임팩트할때 눈을 뗀다든가 스윙궤도가 나쁜 경우에 생기는 현상입니다.

이런 분들에게 좋은 아주 간단한 연습방법이 있습니다.

클럽 헤드가 빠져 나갈 만큼의 폭으로 앞 뒤에 티를 하나씩 꽂습니다.

이렇게 하고 스윙연습을 해서 티를 건드리지 않는 연습을 한다면 최적타점이 이루어졌음이 증명됩니다.

물론 이럴 때 처음에 공을 놓지 않고 빈스윙으로만 하는 것이 좋습니다. 공을 놓게 되면 초점을 공에 맞추기 때문에 자유로운 스윙이 이루어지지 않습니다. 계속 반복해서 티를 건드리지 않도록 스윙을 해보면 스윙궤도도 좋아지게 됩니다.

어머! 또 이상하게 날아가네.

박여사님은 백스윙때 클럽헤드가 누워버리는 결점이 있군요.

헤드가 누워요?

백스윙 탑 동작에서 헤드모양이 바르게 된다는 건 백스윙이 바르게 됐다는 뜻입니다.

백스윙이 바르게 항상 일정해야만 기복없는 샷을 구사할 수 있습니다.

백스윙 탑에서는 헤드가 왼쪽을 가리키며 뒤로 누워있는 것이 바른 동작입니다.

흔히들 백스윙이 스윙의 성공여부를 좌우한다고 합니다.

백스윙 탑을 점검해 보시기 바랍니다.

그러나 이 모양이 잘 이루어지지 않는 골퍼가 많습니다.

백스윙의 탑에서
헤드의 누운 모양을
바르게 하려면 테이크
백에서부터 바르게
되어야 가능합니다.

우선 어드레스시
지나친 핸드퍼스트가
되지 않나 실선과
비교해서 점검해
보세요.

클럽을 뒤로 빼기
시작할 때 너무 지나
치게 뒤로 빼지는
않는지.

백스윙의
중간단계.

여기서부터 헤드가
이상하게 뒤로
누워 버리는
경우가 많습니다.

탑동작에선
헤드가 완전히
뒤로 처지고
있습니다..

이처럼 백스윙 탑에서 뒤로
처지는 헤드 모양은
어드레스에서 잘못 시작되는
경우가 많습니다.

샷이 난조를 보일때
어드레스와 백스윙
탑 동작을 점검하는
것은 바른 스윙을
위해 꼭 필요한
일입니다.

백스윙 탑의 바른 모양을 만들기 위해 어떻게 어드레스하며 백스윙을 가져갈 것인지 같이 생각해 보도록 합시다.

우선 어드레스때 양팔과 어깨의 삼각형이 바르게 있어야 합니다.

클럽 헤드가 뒤로 처지는 골퍼는 대부분 회전 동작이 충분치 않기 때문입니다.

손목을 꺾으면서 틀어줍니다.

백스윙 중간 단계에서 왼팔이 몸 가까이 비스듬히 지나가도록 빼줍니다.

탑동작에선 오른손이 클럽을 받쳐주는 모양이 되어야 합니다.

YES   NO

때문에 오른팔과 손목은 거의 수직인 상태를 이루게 됩니다. 이런 동작이 정확히 나오면 클럽의 위치와 헤드의 누운 상태도 정확히 보장됩니다.

스윙에서 업라이트 스윙이냐 플랫 스윙이냐를 놓고 고민하는 골퍼가 많습니다.

대개 외국의 유명 프로골퍼들의 스윙은 업라이트한 스윙입니다.

그러나 동양인의 체격에는 업라이트한 스윙보다 플랫스윙이 적합하다고들 합니다.

그러나 플랫스윙이 지나치게 누워 버리면 문제가 따릅니다.

골프의 다운스윙은 하체의 리드로 시작돼야 하는데

지나치게 클럽이 처지면 상체로 칠 수 밖에 없게 됩니다.

상체로 다운스윙을 가져가면 오른쪽 어깨가 앞으로 나와 아웃사이드 인의 나쁜 스윙이 발생합니다.

업라이트를 굳이 고집할 필요는 없겠지만 어깨 아래로 클럽이 떨어지는 플랫 스윙이 되지 않도록 신경을 써야 할 것입니다.

아마와 프로의 차이 중에 가장 눈에 띄는 것 하나를 말씀 드리겠습니다.

이런 정상적인 백스윙에서

다운스윙시 아마는 엉덩이를 가만히 둔채 상체부터 치려고 움직입니다.

그렇게 되면 몸은 앞쪽으로 쏠리며 오른쪽 어깨가 앞으로 나와 아웃사이드 인의 스윙이 돼서 슬라이스가 나오게 됩니다.

프로는 백스윙에서 엉덩이부터 돌려 줍니다.

엉덩이부터 돌려주면 팔은 뒤따라가듯이 끌고 내려와야 합니다.

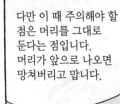

다만 이 때 주의해야 할 점은 머리를 그대로 둔다는 점입니다. 머리가 앞으로 나오면 망쳐버리고 맙니다.

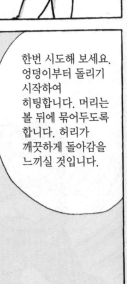

한번 시도해 보세요. 엉덩이부터 돌리기 시작하여 히팅합니다. 머리는 볼 뒤에 묶어두도록 합니다. 허리가 깨끗하게 돌아감을 느끼실 것입니다.

백스윙에 들어가는 타이밍을 '포워드 플레스'라고 했는데

백스윙의 타이밍을 잡는 작은 동작은 사람에 따라 다릅니다.

포워드 플레스와 반대로 백스윙에 들어가기 직전 몸을 약간 오른쪽으로 움직이는 사람도 있습니다.

이것이 그사람에게 있어서는 가장 좋은 타이밍이 되는 셈입니다.

또한 클럽헤드를 조금 당겨 일단 멈추었다가

다시 클럽을 올려가는 사람도 있습니다.

중요한 것은 자기나름대로의 리듬을 만들어 내면 됩니다.

스윙리듬이란 1, 2, 3입니까?

예, 백스윙을 ① 탑스윙을 ② 다운스윙을 ③으로 하는 리듬입니다.

스윙은 언제나 똑같아야 합니다.

탑의 위치가 높아졌다해도 칠 때마다 달라서는 샷이 안정되지 않습니다.

리듬은 똑같은 스윙을 하기 위하여 중요한 것입니다. 리듬이 무너지면 스윙도 무너집니다.

사람마다 리듬은 다르지만 자기 나름의 스윙 리듬을 만들어 리듬에 따라 스윙을 하는 것이 중요합니다.

백스윙의 리듬을 타기위하여 사람마다 나름대로의 작은 왜글을 하고 있습니다.

그러나 그렇다고 해서 지나치게 큰 동작은 바람직하지 않습니다.

지나친 핸드 퍼스트가 그 하나입니다.

백스윙 직전에 아예 손목을 꺾어

백스윙 동작에 들어가는 자세 입니다.

이 경우는 결국 헤드의 궤도가 작아져서

파워있는 공을 치는데 저해를 가져오게 됩니다.

또한 자칫 클럽페이스가 꺾인 손목 때문에 바르지 못해요.

방향성마저 나쁜 결과를 초래합니다.

때문에 백스윙의 리듬을 타기 위한 동작은 가급적 작아야 합니다.

해외 골프투어 노하우!!

266

내경우는 백스윙때 몸의 스웨이가 좀처럼 고쳐지지가 않아요.

스웨이를 방지하기 위해서는 어드레스 위치에서 돌리라고 했습니다.

한가지 더 주의할 점은 오른쪽 무릎입니다.

오른쪽 무릎이 움직이면 스윙도 움직입니다.

몸의 회전에 따라 체중이 오른쪽 다리로 옮겨지기 때문에 오른쪽 무릎이 분산돼 버립니다.

무릎이 분산된다는 것은 무릎이 오른쪽을 향한다는 것입니다. 이것도 축이 움직이는 원인이죠.

즉 몸을 돌려도 오른쪽무릎은 어드레스때와 같이 유지해야 합니다.

무릎이 정면을 향한다.

오른쪽 무릎의 형태를 유지하려면 오른쪽 다리의 안쪽에 힘을 주어 체중을 지탱해 줍니다.

체중을 오른쪽 다리의 안쪽으로 지탱하는 톱스윙이라면, 축이 움직이지 않고 또한 다운스윙 에서 스무드하게 체중이 왼쪽 다리로 실려갈수 있는겁니다.

NO

나이스 샷!

딱!

스윙의 템포가 일정치 않고 망가지는 것은 볼을 힘껏 때리려는데 있습니다.

이는 급작스럽게 스윙 속도가 빨라지는 원인입니다.

우선 그립을 약간 짧게 잡습니다.

그리고 4분의 3크기로 샷을 날린다고 생각을 해봅시다.

이는 스윙을 짧게 가져간다거나 회전 동작을 줄인다는 이야기가 아닙니다.

다만 볼을 향하여 클럽 헤드를 천천히 유도 한다는 뜻입니다.

5번 아이언을 사용하여 볼없이 연습 스윙을 휘두른다고 생각하며 샷을 날려 보세요. 좋은 감각을 얻을 것입니다.

대개의 아마추어들은 빈 스윙에선 누구나 멋진 스윙 감각을 가지면서 실제 상황에선 긴장에 휘말리게 됩니다.

샷의 결과에 집중하지 말고 스윙의 연출에만 집중하면서 클럽 헤드의 흐름에 볼을 맡겨둔다는 느낌으로 스윙을 해보세요.

세계적인 프로선수들은 각자 특유의 스윙동작과 구질을 갖고 있습니다.

아마추어 역시 각자의 유형에 따라 스윙 동작도 스윙 궤도도 달라질 필요가 있습니다. 그럼 과연 자신은 어떤 스윙궤도형의 골퍼일까요.

크게 나누어 뒤로 휘두르고 앞으로 틀어주는 '스윙백-턴스루형' 이 있고

뒤로 틀어주고 앞으로 휘두르는 '턴백-스윙스루형' 이 있습니다.

'스윙백-턴스루형' 은 클럽을 뒤로 휘둘러준 뒤 앞으로 몸을 틀어 공을 때리는 유형 입니다.

백스윙 때 몸을 틀어주는 동작이 작기 때문에 타격 동작이 빠르거나 체격이 큰 사람 들이 적당합니다.

'턴백-스윙스루형' 은 뒤로 몸을 틀어준 뒤 앞으로 클럽을 휘둘러 공을 때리는 형으로 백스윙 때 몸을 크게 틀어주어야 하기 때문에

유연성이 많고 스윙을 길게 천천히 휘두르는 사람에게 적합 합니다.

백스윙 때 샤프트가 수평에 이르렀을 때 클럽 헤드가 여전히 양손 바깥쪽에 위치하여 클럽에 대한 스윙이 몸의 회전 동작을 앞지르는 형태가 됩니다.

백스윙 톱 동작에서는 하체가 양손과 팔보다 빨리 옆으로 돌아가 클럽의 손잡이 끝이 헤드보다 먼저 공을 향해 내려오기 때문에 직선 타구나 페이드 공이 나오게 됩니다.

따라서 백스윙 때 샤프트가 수평 위치에 이르렀을 때 클럽 헤드는 양손 뒤쪽으로 이동되어 있는 상태가 됩니다. 다운스윙으로 돌입하면

몸은 여전히 표적에 닫혀있는 상태가 되고 클럽은 안쪽으로 접근하게 됩니다. 따라서 공은 바로 날아가거나 스로공이 됩니다.

269

샷의 높이는 어드레스 때 공으로부터 얼마나 거리를 두고 있느냐와 스윙 때 양팔이 몸으로부터 얼마나 멀리 떨어져 있느냐에 달려 있습니다.

공으로부터 멀리 떨어질수록 공은 높이 날게 되어 있습니다. 이는 골퍼들의 등의 각도가 일정한 이상 변함이 없습니다.

먼저 공을 높게 띄워주려면 공을 약간 앞쪽으로 위치시키고 클럽 페이스를 약간만 오픈시킵니다.

그리고 공으로부터 멀리 섭니다.

그리고 정상적인 스윙을 가져가면 스윙 원호는 얕게 수평쪽으로 흐르고

공은 높게 날아올라 부드럽게 지면으로 내려앉습니다.

샷을 낮게 날리려고 할 때는 공을 스탠스 가운데 두고

양발은 표적선보다 약간 왼쪽을 향하게 잡아줍니다.

스윙 궤도는 자연히 가파르게 형성되며 작아집니다.

공의 탄도는 낮아지나 주의할 점은 가볍게 휘둘러야 합니다.

우선 정상적인 어드레스를 취합니다.

다음 연습법은 몸의 균형유지를 위해 매우 의미있는 연습법이 될 것입니다.

그런 후 왼발을 뒤로 이동시켜 클럽헤드가 자신의 정면에 오게 합니다.

그다음 백스윙 동작을 취하고

걸음을 원래의 어드레스 위치로 옮기며

다운스윙을 합니다.

이 경우 균형이 제대로 잡혀야만 공을 정확히 때릴 수 습니다.

이처럼 스윙하며 걸음을 떼고 스윙하는 방법을 염두에 두면 공이 목표 지점에 떨어질 때까지 피니시 동작을 그대로 유지할 수 있을 것입니다.

모든 샷은 그 출발점이 좋아야 함은 아무리 강조해도 지나치지 않습니다.

그 출발점은 어드레스에서 클럽을 뒤로 버리는 테이크어웨이 동작입니다.

이 테이크어웨이에서 상당수의 아마추어들은 백스윙 때 손목으로만 뒤로 뺀다는 것입니다.

손목으로 시작하는 백스윙은 몸과 클럽의 일치를 가져오지 못해 나쁜 결과를 불러 옵니다

손목으로 시작하는 백스윙은 몸이 너무 경직되기 쉽고 그결과 클럽의 그립 부분이 몸과 상당히 떨어져 있게 됩니다.

이는 흐트러진 샷의 원인이 되기도 합니다.

백스윙을 시작할 때 몸도 함께 움직여 줍니다. 손과 몸을 가깝게 유지하고 배꼽과 샤프트의 경사도를 맞추어 함께 움직입니다.

손을 몸과 상당히 멀게 어드레스 하던 버릇의 사람이 가깝게 하기란 여간 불편하지 않습니다. 그러나 이런 테이크어웨이연습으로 익숙해지면 좋은 샷을 만들수 있게 됩니다.

완벽한 피니쉬를
구사한다는 것은 곧
좋은 샷을 날렸다는
결과입니다.

좋은 피니쉬는
보기에도 좋으며
아마와 프로와의
차이점은 이
피니쉬에서
나타납니다.

기계적인 동작으로
스윙하는 플레이어는
균형있는 끝맺음을
이루지 못합니다.

클럽을 휘두르기만
할뿐 끝까지 균형있는
마무리 동작을 하지
못하기 때문입니다.

이렇게 클럽을
높이 처든
상태에서 스윙을
멈추는 것은 전체
스윙에 커다란
영향을 주게
됩니다.

이는 딱딱하고
경직된 스윙을
하기 때문입니다.
이는 전체적인
균형을 깨게되어
좋은 결과를 바랄
수 없게 됩니다.

샷의 결과에 너무
신경을 쓰지 말고
스윙을 해보십시요.

오직 피니쉬
동작에만 신경을
쓰면서 스윙해
보도록 합니다.
클럽이 어깨 뒤로
자연스럽게 넘어 갈
때까지 그립의
긴장감을 유지해
줍니다.

클럽이 완전히 등
뒤로 돌아간 상태에서
잠시 멈추면 어느
정도 균형을 이루고
있는가를 파악하게 될
것입니다.

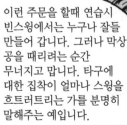

이런 주문을 할때 연습시
빈스윙에서는 누구나 잘들
만들어 갑니다. 그러나 막상
공을 때리려는 순간
무너지고 맙니다. 타구에
대한 집착이 얼마나 스윙을
흐트러트리는 가를 분명히
말해주는 예입니다.

맞아! 빈스윙을 보면
전부 프로폼 이지

273

골프에서 상투적인 얘기를 많이 합니다. 머리를 들지마라, 왼팔을 일직선으로 뻗어라, 클럽을 안에서 밖으로 뻗어라 등등입니다.

그러나 안에서 밖으로 뻗는 스윙이 잘못 이해될 소지가 있습니다.

분명히 안에서 밖으로 뻗어 스윙했는데 결과는 푸시가 되어 밖으로 밀려난다거나 엄청난 훅이 나오는 경우입니다.

이는 지나치게 왼손이 몸에 떨어져서 분명 헤드는 안에서부터 접근을 했는데도 결과는 나쁘게 나오는 것입니다.

인사이드 아웃의 스윙궤도를 지나치게 헤드 스윙에 집착한 결과입니다.

골프스윙은 세분해서 두개의 스윙궤도를 만들게 됩니다.

클럽헤드의 스윙과 손의 스윙궤도 입니다.

오직 클럽헤드만이 공 안쪽으로 접근하는 것에 촛점을 맞춘다면 손잡이 끝은 헤드를 따라가게 됩니다. 그러나 타격 순간 클럽헤드는 전체적으로 몸에서 멀리 떨어진 상태로 움직이게 됩니다

이렇게 되면 몸과 팔이 따로 놀아 실패가 따릅니다.

이럴땐 다운스윙 때 작은 원 측, 클럽의 손잡이 끝에 촛점을 맞춰 봅니다. 손잡이가 임팩트 순간 왼쪽으로 흐르는 느낌을 받을 것입니다. 물론 양손이 몸 가까이 흐르게 됩니다.

클럽헤드는 여전히 안쪽에서부터 공에 다가서고 있으나 그 정도가 그리 심하지 않습니다.

따라서 좀더 표적 선상으로 길게 흐르고 정확한 타격을 할 수 있게 됩니다.

앞서 말한 손잡이 끝을 타격이 되는 동안 왼쪽으로 이동시켜야 된다는 것이 어렵게 들리면 이렇게 연습을 해봅니다.

우선 아이언 하나를 집어들어 헤드 위쪽 30cm 정도 되는 지점을 잡습니다.

그 다음 공을 때리려는 준비자세를 취하고 샤프트 가 왼쪽 엉덩이 방향 위로 흐르도록 합니다.

백스윙을 하면서 샤프트가 수평을 이룰 때까지 엉덩이에서 멀리 떨어지게 하면서 일단 멈춥니다. 샤프트가 발 끝 평행선과 일치되며 표적을 가리키고 있으면 됩니다.

다운스윙할 때 가장 중요한 사항은 왼쪽 어깨를 턱 으로부터 멀리 틀어주어야 한다는 것입니다.

거기서 몸을 틀어 샷을 날리는 형태를 취하면 샤프트는 왼쪽 엉덩이로 되돌아오게 됩니다.

타격구간으로 접근해 감에 따라 클럽 헤드는 여전히 안쪽에서 이동이 되지만 클럽의 손잡이 끝은 왼쪽으로 이동합니다.

클럽의 손잡이 끝은 공과 표적선의 왼쪽으로 보기 좋게 스윙이 되고 양손과 팔, 클럽, 몸의 동작을 일체화 시켜 이 동작을 정확히 취했을 때 클럽페이스는 표적을 향해 길게 흐릅니다.

양손이 몸에서 멀리 떨어진 상태로 모두 바깥을 흐르는 것과 비교해보면 금방 알 수 있을 것 입니다.

골퍼라면 누구나 비거리에 대한 매력을 떨쳐버릴 수 없습니다. 거리가 멀리 나게 되면 그만큼 그린공략이 쉬워질뿐 아니라 동반자에 대한 우월감에 흡족한 기분을 느낄 수 있기 때문입니다.

그러나 이 비거리에도 양적인 비거리와 질적인 비거리가 있음을 알아야 할 것입니다.

양적인 비거리는 그야말로 많은 거리를 날려보내는 것을 의미하며

질적인 비거리는 정확도가 따르는 것을 말합니다.

닉 팔도나 이안 베이커 빈치같이 균형잡힌 스윙으로 언제나 같은 거리에 볼을 날려보내는 질적 비거리의 소유자가 있는 반면

존 댈리와 같이 뛰어난 장타자이지만 정확도에선 약간 떨어지는 양적 비거리의 소유자들도 있습니다.

양적인 비거리와 질적인 비거리에 대한 선택은 여러분 자신들의 것입니다.

물론 이것을 꼭 이분법적으로 나눌 수는 없겠으나 장타뒤엔 항상 정확성의 문제가 따른다는 것을 잊어서는 안될 것입니다.

여러분들 중에 양적인 비거리를 원한다면 척추와 어깨가 충분히 돌아갈 수 있도록 머리를 약간 돌려줄 필요가 있습니다.

정상적인 어드레스를 취한 다음

몸통을 회전시키며 머리 또한 돌려주는 일입니다.

이때 양어깨를 90도 회전시키기 위해선 머리를 얼마만큼 돌려주어야 하는지를 살펴 봅니다.

만약 너무 머리를 돌려 볼을 볼수 없을 때에는 볼 수 있는 지점까지 약간 되돌아가도록 해줍니다.

이 자세에서 몸의 균형을 유지할 수만 있다면 시종일관 견실한 샷을 할 수 있지만

지나치게 머리를 돌리면 샷의 일관성을 잃고 맙니다.

아무튼 이렇게 머리를 회전시켜줌으로써 큰 스윙궤도를 만들어 장타를 날릴 수 있습니다.

그러나 다운 스윙이 진행되는 도중 머리를 원위치로 돌려 절대적으로 고정시키는 것을 잊지 말아야 할 것입니다.

질적인 비거리를 원한다면 그것은 정확도를 염두에 둔 샷이라고 할 수 있습니다.

이때 그립의 견실함이 무엇보다도 중요합니다.

먼저 이를 실행하기 위하여 약 2인치 정도의 사이를 두고 두개의 볼을 놓은 다음 가까이 있는 볼에 어드레스를 취합니다.

이 자세에서 스윙을 작게해서 30야드 정도를 목표로 타격해 봅니다.

타격한 후 그립을 교정하지 않고 그대로 두번째 볼에 어드레스해 봅니다.

만일 첫 타격에서 그립이 돌아가서 클럽페이스가 직각을 이루지 못한다면 스윙 도중 그립이 견고하지 못했다는 뜻입니다.

이렇게 스윙도중 그립이 손안에서 돌아가지 않도록 반복연습한 후

클럽페이스 중앙에 견고히 맞히는데 집중한 다음 이것이 이루어지면 풀샷을 시도해 보고, 어느 지점에서 그립이 느슨하게 풀어지는지를 알아야 합니다.

견고한 그립이 정확한 샷을 만듭니다.

양적인 비거리의 샷과
질적인 비거리의 샷은
발뒤꿈치의 변화가
열쇠입니다.

양적이든 질적이든
오른발은 10도 정도
바깥쪽으로 돌리고

왼발은 클럽에
따라 20도에서
40도 정도가
돼야 합니다.

그런 다음 백스윙과
팔로스로까지
발동작의 양적인
비거리와 질적인
비거리의 차이가
어떤지 살펴 보시기
바랍니다.

질
적
인
비
거
리

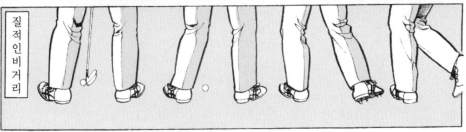

양
적
인
비
거
리

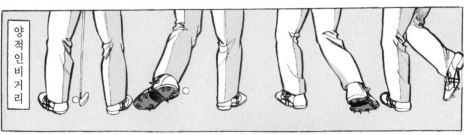

이와 같이 발꿈치의 동작이
달라지는 것을 알 수가
있습니다. 양적인 비거리를
내기 위해서는 몸통과 함께
발뒤꿈치도 같이 들어 주어야만
원만히 큰 스윙궤도를 만들 수
있습니다.

2권에서 계속